RUDOLF STEINER

ZEICHEN UND SYMBOLE DES WEIHNACHTSFESTES

RUDOLF STEINER

Zeichen und Symbole des Weihnachtsfestes

Drei Vorträge, gehalten in Berlin
am 19. Dezember 1904, 14. Dezember 1905
und 17. Dezember 1906

1977
RUDOLF STEINER VERLAG
DORNACH/SCHWEIZ

Nach vom Vortragenden nicht durchgesehenen Nachschriften
herausgegeben von der Rudolf Steiner-Nachlaßverwaltung

Die Herausgabe besorgte Ernst Weidmann †

EINZELAUSGABE

1. Auflage (ohne die Vorträge von 1904 und 1905) Dornach 1932
2. Auflage (erweitert um die Vorträge von 1904 und 1905) Dornach 1957
3. Auflage Dornach 1968
4. Auflage Dornach 1977

Die Vorträge dieser Einzelausgabe sind folgenden Bänden der Rudolf Steiner Gesamtausgabe entnommen:

19. Dezember 1904: aus Bibliographie-Nr. 92

14. Dezember 1905: aus Bibliographie-Nr. 54 «Die Welträtsel und die Anthroposophie»

17. Dezember 1906: aus Bibliographie-Nr. 96 «Ursprungsimpulse der Geisteswissenschaft»

Printed in Switzerland by Zbinden Druck und Verlag AG, Basel

ISBN 3-7274-5108-4

ALS MANUSKRIPT GEDRUCKT

Über den Charakter dieser Privatdrucke äußert sich Rudolf Steiner in seiner Selbstbiographie «Mein Lebensgang» (35. und 36. Kapitel, März 1925) folgendermaßen:

«Als mündliche, nicht zum Druck bestimmte Mitteilungen waren die Inhalte dieser Drucke gemeint ...

Es ist nirgends auch nur in geringstem Maße etwas gesagt, was nicht reinstes Ergebnis der sich aufbauenden Anthroposophie wäre ... Wer diese Privatdrucke liest, kann sie im vollsten Sinne eben als das nehmen, was Anthroposophie zu sagen hat. Deshalb konnte ja auch ohne Bedenken ... von der Einrichtung abgegangen werden, diese Drucke nur im Kreise der Mitgliedschaft zu verbreiten. Es wird eben nur hingenommen werden müssen, daß in den von mir nicht nachgesehenen Vorlagen sich Fehlerhaftes findet.

Ein Urteil über den Inhalt eines solchen Privatdruckes wird ja allerdings nur demjenigen zugestanden werden können, der kennt, was als Urteils-Voraussetzung angenommen wird. Und das ist für die allermeisten dieser Drucke *mindestens* die anthroposophische Erkenntnis des Menschen, des Kosmos, insofern sein Wesen in der Anthroposophie dargestellt wird, und dessen, was als ‹anthroposophische Geschichte› in den Mitteilungen aus der Geist-Welt sich findet.»

INHALT

DIE GEBURT DES LICHTES
EINE WEIHNACHTSBETRACHTUNG

Berlin, 19. Dezember 1904

Wer heute auf der Straße zwischen den aufgestellten Weihnachtsbäumen hindurchgeht, der könnte wohl leicht auf den Gedanken verfallen, daß der Weihnachtsbaum selbst etwas sehr Altes sei. Gerade am Weihnachtsbaum aber können Sie die Veränderung in den Gebräuchen und Sitten der Menschen sehen, denn der Weihnachtsbaum, der heute fast in keinem Hause fehlt, ist noch nicht einmal hundert Jahre alt. Vor einem Jahrhundert würden Sie nicht durch solche von Weihnachtsbäumen besetzte Straßen haben gehen können. Sie würden sich auch vergeblich in der Dichtung vor hundert oder hundertzwanzig Jahren umsehen nach einem Lied, nach einem Gedicht, welches den Weihnachtsbaum besingt. Das müßte Ihnen aber doch eine auffällige Erscheinung sein, denn der Weihnachtsbaum ist jedenfalls etwas, was von den Dichtern besungen worden ist in der Zeit, in der er einmal da war. Er ist eine ganz neue Erscheinung, er ist etwas, was erst in der zweiten Hälfte des 19. Jahrhunderts in Europa so allgemein geworden ist. Der Weihnachtsbaum als Symbol des Weihnachtsfestes tritt erst auf um das Jahr 1800 herum, das Weihnachtsfest aber ist uralt, ist nicht erst christlich. Es wurde in derselben Weise gefeiert in allen Zeiten, von denen wir geschichtlich Nachricht haben können.

Im Christentum selbst ist das Weihnachtsfest als solches symbolisch genommen worden für die Geburt des christlichen Erlösers erst seit dem 4. Jahrhundert unserer Zeitrechnung. Keineswegs wurde in den ersten christlichen Jahrhunderten der 25. Dezember als der Geburtstag des Stifters des Christentums gefeiert; erst im 4. Jahrhundert wurde er als solcher aufgefaßt. Aber ein Fest wurde in dieser Zeit doch gefeiert im römischen Reiche, ein Fest wurde auch gefeiert in derselben Zeit bei den alten keltischen und bei den germanischen Völkern und mit einem ähnlichen Gedanken auch schon im alten Ägypten und noch in mancher anderen Gegend. Was da gefeiert worden ist, war noch etwas anderes; erst im 4. Jahrhundert unserer Zeitrechnung wurde es zusammengebracht mit dem Geburtstage des Stifters des Christentums.

Nun könnte man daraus den Schluß ziehen, daß die christliche Kirche etwas getan hätte, was geschichtlich gegen jedes Herkommen wäre, und sozusagen damit etwas korrigieren wollte. Das ist aber nicht der Fall. Wer wirklich die Bedeutung des Weihnachtsfestes versteht, der erkennt die uralte Weisheit, die in einem solchen Feste verborgen liegt. Feste, wie das Weihnachtsfest, das Oster-, das Pfingstfest, sind nichts anderes als Daten, als in die Zeit eingeschriebene Daten unserer Altvordern, unserer Vorfahren, mit denen sie uns, ihren Nachkommen, gezeigt haben, wie sie das Verhältnis von Welt und Mensch und die großen Geheimnisse des Daseins verstanden haben. Wer zu entziffern weiß die Schrift, die uns in den großen Festen niedergelegt ist, wer zu entziffern weiß die Hieroglyphen, die uns die Zeit selbst darbietet, der blickt in tiefe, in bedeutungsvolle Mysterien alles menschlichen Werdens. Ich sagte – und wir werden gleich sehen, in welchem Sinne das gilt –, daß das Weihnachtsfest gefeiert worden ist seit der Zeit, in der wir Geschichte haben. Die Zeiten, über die wir Geschichtsurkunden kennen, gehen zurück bis in die dritte Unterrasse der fünften Wurzelrasse. Bis zum 15., 16. Jahrhundert gehen die Zeiten unserer eigenen Unterrasse, in der sich physische Wissenschaft und physische Kultur entwickelt haben. Dieser ging eine andere Rasse voran, und diese geht zurück bis ins 9., 8. Jahrhundert vor unserer Zeitrechnung, in die Zeiten, in denen Homer seine Dichtungen den Griechen vorgesungen hat. Diese Zeit berichtet uns von den Gefühlen und Taten der uns vorangegangenen vierten Unterrasse. Dann kommen wir zurück zu den noch älteren Zeiten, die uns aber schon in das graue Altertum zurückführen, in die Zeit des alten Babylons und Assyriens, in die alten Zeiten des jüdischen Volkes, in die Zeiten, in denen die ägyptischen Priester ihre Weisheit bewahrt haben und sie nur in exoterischer Weise in das Volk gebracht haben. Dann hört die geschichtliche Überlieferung auf. Was uns von der persischen Geschichte überliefert ist, das ist erst viel später aufgezeichnet worden. Was uns als die erhabene Religion des alten Indien mitgeteilt wird, was in den Veden und in der Vedantaphilosophie verzeichnet ist, das sind späte Aufzeichnungen gegenüber denjenigen Zeiten, in denen die großen Gedanken der alten indischen Rishis, die sie unmittelbar von den göttlichen Geistern selbst empfangen haben, durch diese der Menschheit zugeflossen sind. So blicken wir zurück aus der Zeit, in der wir selber sind und die noch lange dauern wird, in die römisch-griechische Epoche, die in das Christentum übergeführt wird, dann in die Epoche, in welcher die ägyptischen Priester wirkten. Dann aber verlieren sich die Wege. Nur derjenige, welcher auf anderen Wegen die Geschichte verfolgen kann, kann vom alten Persien etwas wissen. Noch weiter zurück werden wir geführt in die Zeiten, in die nur der Okkultist hineinzusehen vermag.

Nun, wer das Christfest verstehen will, der muß in der Zeitenwende bis zu dem Punkte zurückblicken, wo zum ersten Male eine neue Weisheit wiederum die neuerstandene Menschheit gelehrt worden ist. Wir sind damit zurückgekommen bis zu der Zeit, wo durch die ungeheuren Überflutungen eines großen Kontinents die alte atlantische Kultur verschwunden war und eine neue Menschheitskultur, zu der diese Epochen, die ich schon aufgezählt habe, gehören, begründet worden ist. Eine ganz neue Denk- und Empfindungsweise ist mit dieser neuen Menschheit heraufgezogen. Nichts ist von der eigentlichen Kultur der Atlantier, geschweige denn von der noch älteren Kultur der lemurischen Völker, die einst in uralten Zeiten gelebt haben und durch Feuer untergegangen sind, unmittelbar erhalten geblieben. Das, was die Menschheit aber einmal durchlebt hat, muß dann, wenn ein neuer Wendepunkt der Entwickelung erreicht worden ist, nochmals kurz durchgemacht werden. So sind in der Tat die ersten Unterrassen der fünften Wurzelrasse dazu bestimmt gewesen, drei wichtige Entwickelungsepochen der Menschheit kurz zu wiederholen.

Im alten Indien blickten die weisen Rishis zurück auf jene Zeiten, in denen die Menschheit noch auf einer ganz anderen Stufe war, auf jene Zeiten, in denen es noch nicht ein männliches und ein weibliches Geschlecht gab, in denen der Mensch noch eine Einheit war. Da blickten sie zurück auf jene große Einheit im Menschengeschlecht, auf jenen Urmenschen Adam, der in verschiedenen Geheimlehren auch Adam Kadmon genannt wird, der Mann und Weib zugleich war. Sie brachten in geistiger Art jene Ureinheit des Menschentums zum Ausdruck, indem sie das oberste Weltwesen mit dem unbestimmten heiligen Namen Brahman andeuteten. Brahman ist ursprünglich dasjenige, aus dem als aus der Alleinheit, aus dem göttlichen Einheitsgrunde hervorgegangen ist alle Mannigfaltigkeit. Auf der Erde selbst war diese Einheit für den Menschen in gewisser Weise nur vorhanden in den Zeiten, in denen es noch nicht Männliches und Weibliches gegeben hat, in den Zeiten, in denen noch nicht die Mannigfaltigkeit, wie wir sie jetzt haben, vorhanden war. Es ist wie ein Spiegelbild aus dem Geiste der großen indischen Rishis, was uns da entgegentritt: die göttliche Ureinheit der Menschen, der vormenschliche Adam Kadmon, in dem noch Friede, Geist, Klarheit und Eintracht war; der redet aus dem Vedenwort, wie es den Lippen der indischen Rishis entströmte. Das war die erste Epoche unseres Menschengeschlechtes nach der großen Flut. Da war es noch nicht so, daß man auf unserer Erde sprach von einer Dreieinigkeit, von einer dreifachen göttlichen Person. Lediglich von einer Ureinheit, von Brahman sprach man, in dem alles beschlossen ist, von dem alles stammt.

Dann kam eine Zeit, in der die persischen Zarathustrapriester, die Weisen der Parsen, zurückblickten auf jene Epoche, in der aus dem Feuer herausgeboren wurde der zweigeschlechtige Mensch, in der geboren wurde jener Mensch, welcher ein Duales, ein Zweifaches vorstellt. Und mit jener Geburt des Menschen aus dem Feuer kam etwas in unsere irdische Welt, was vorher noch nicht da war, es kam da erst das Böse in die Welt. Das Böse ist im menschlichen Sinne nicht vorhanden gewesen vor der Entstehung der Geschlechter. Diese entstanden seit der Mitte der lemurischen Zeit. Und Gut und Böse gibt es auch erst seit jener Zeit. Gut und Böse erfüllte die letzte lemurische Zeit und die erste atlantische Zeit.

Interessant ist es, zu erforschen nach den spirituellen Urkunden, die man die Akasha-Chronik nennt, wie sich diese zweierlei Gestaltung der Menschheit auslebt. Sie werden im nächsten Heft der Zeitschrift «Lucifer-Gnosis» eine Darlegung finden, wie sich die Zweiheit im Menschen ausgestaltet, wie wirklich, als der Mensch in zwei Geschlechtern erschien, des Menschen Seele und des Menschen physische Willenkraft zunächst verteilt waren unter die Geschlechter. Selbst derjenige, der heute als Okkultist die wunderbaren Urkunden entziffert, die uns in der Akasha-Chronik erhalten sind, kann – weil das so verschieden ist von den Vorstellungen, die man sich über diese Zeiten macht – erstaunt sein über die Art und Weise, wie grundverschieden von dem heutigen Zustande das Männliche und Weibliche in diesen ersten Zeiten auf unserer Erde auftrat. Die Frau bildete zunächst die Seele aus, unter der Führung der weisen Menschheitsführer; der Mann bildete das Willenselement aus. So entsteht eine Zweiheit von Wille und Seele. Sie stehen einander gegenüber in der atlantischen Epoche in den zwei Geschlechtern der Menschheit. Dadurch, daß Seele in den physischen Leib und dadurch in die Menschheit kam, ist das Böse in die Menschheit gekommen. Und dadurch, daß unsere Menschheit jene Epoche wiederholen mußte, welche sich charakterisiert durch den Unterschied von Gut und Böse, dadurch kam die Feuerreligion, die Parsenreligion, die Lehre von Ormuzd und Ahriman heraus. Dies geht unserer Geschichte voran als persische Kulturperiode.

Das Gut und Böse lebte in der Religion des Zarathustra. Da sprach man noch nicht von einer Dreiheit. Das kam erst später, ungefähr in der Zeit, da unsere geschichtlichen Dokumente beginnen. Nichts meldet die Akasha-Chronik von einer Dreieinigkeit in der vorgeschichtlichen Zeit. Erst als die Menschen zu unterscheiden wußten zwischen Gut und Böse, da waren sie in die Notwendigkeit versetzt, zu einem Dritten aufzublicken. Da tritt uns in der Gestalt des Mittlers, in der Gestalt, die uns in den sogenannten Mithrasmysterien am klarsten entgegentritt, die von Persien über die ganze Welt verbreitet werden, da tritt uns in der Dreieinigkeit der Mittler, der Versöhner, der Erlöser der Menschheit vom Bösen, der Hinführer vom Bösen zum Guten auf.

In diesen alten Zeiten hat man immer in dem Irdischen ein Abbild des Göttlichen sehen müssen, ein Abbild dessen, was sich am großen Himmelsgewölbe zugetragen hat. Wenn Sie sich den Tierkreis ansehen, so werden sie sehen, daß in diesem Tierkreis aufeinanderfolgen die Zeichen des Krebses, der Zwillinge, des Stiers und des Widders oder Lammes. Nach gewissen Gesetzen rückt die Sonne oder besser der Frühlingspunkt der Sonne vor, so daß in uralten Zeiten die Sonne im Frühling aufgegangen ist im Zeichen des Krebses, später im Zeichen der Zwillinge, noch später im Zeichen des Stiers, und noch später im Zeichen des Widders oder Lammes. Ungefähr um die Zeit des 8. Jahrhunderts vor Christi Geburt hatte die Sonne am Himmelsgewölbe das Sternbild des Widders oder Lammes erreicht. Jetzt, in unserer Kulturzeit tritt sie in das Sternbild der Fische ein.

Je nachdem nun, was im Geistigen geschieht, gestaltet sich das aus, was auf der Erde sich ereignet. Das Krebszeichen ist Ihnen ja bekannt, aber seine wahre Bedeutung ist nicht immer bekannt. Dieses Zeichen des Krebses muß man verstehen; dann wird man auch verstehen, wie es hindeutet auf das Aufgehen einer ganz neuen Zeit. Es sind zwei ineinandergeschlungene Spiralen oder zwei ineinandergeschlagene Wirbel. Wenn etwas Wichtiges in der Welt geschieht, wenn ein Entwickelungsabschnitt von einem anderen abgelöst wird, wenn etwas ganz Neues eintritt in der Welt, dann verschlingen sich zwei solche Wirbelbewegungen. In diesem einen Wirbel haben Sie das Aufhören der atlantischen Kultur, und in dem anderen haben Sie den Anfang der arischen Kultur bezeichnet. Am Himmel oben haben unsere Vorfahren das äußere Zeichen für das Aufgehen der neuen arischen Kultur erblickt. Dann, in späterer Zeit, trat die Sonne in das Zeichen der Zwillinge. Die Zwillinge sind ein Zeichen für Gut und Böse; die Zwillinge sind das Tierkreiszeichen, welches das persische Denken beherrschte. Dann tritt die Sonne in das Zeichen des Stieres. Damit kommen wir in die dritte Unterrasse; sie hat die Stierverehrung, den ägyptischen Apis, in Babylonien den Stierdienst, und endlich im damaligen späteren Persien das Stieropfer, den Mithrasdienst. Das Stieropfer hat der Mensch vom Himmel heruntergeholt, weil es da eingezeichnet war.

Die vierte Unterrasse, in welche das Aufgehen des Christentums fällt, beginnt damit, daß die Sonne in den Widder eintritt. Eine wichtige Sage – das Herüberholen des Widderfelles durch den griechischen Helden Jason – zeigt uns diesen wichtigen Wendepunkt der Geschichte an. Und einen weiteren wichtigen Wendepunkt zeigt uns die Opferung des mystischen Lammes am Kreuze an. Das ist der geschichtliche Ausdruck des Mysteriums, der damit angedeutet ist, daß die Sonne, der Regent der Welt, den Punkt am Himmelsgewölbe erreicht hat, der bezeichnet wird mit Lamm oder Widder.

Nun müssen wir aber diese ganze Entwickelung in der richtigen Weise verstehen. Nach der Zweiheit von Gut und Böse tritt im menschlichen Bewußtsein die Dreieinigkeit auf. In verschiedenen Religionen tritt dies auf. Wir brauchen sie nur kennenzulernen in dem, was wir in den verschiedenen Ländern am Mittelmeer kennen als Mithrasmysterien. Blicken wir auf einen solchen Mysterientempel hin. Es vollzieht sich da für diejenigen, welche nur teilnehmen an den kleinen Mysterien, eine symbolische Handlung. Für diejenigen, die an den großen Mysterien teilnehmen dürfen, vollzieht sich dasselbe als Tatsache im Astralraum. Nur über die kleinen Mysterien des Mithrasdienstes kann ich sprechen. Der symbolische Stier wird sichtbar. Auf ihm reitet der Mittler, der Gott. Er hält dem Stiere dann die Nüstern zu und stößt ihm das Schwert in die Seite. Eine Schlange kommt, ein Skorpion; über dem Haupte des Mithras sieht man einen Vogel, und oben über der ganzen Gruppe sieht man auf der einen Seite den Genius mit gesenkter und auf der anderen Seite mit erhobener Fackel, was symbolisiert die Sonne auf ihrem Gange durch das Himmelsgewölbe.

Das Menschenleben, wie es sich abspielt im Bewußtsein der damaligen Zeit, wird uns damit dargestellt. Der Mensch war dahin gelangt, in sich selbst zunächst die Erlösung zu suchen, das dritte göttliche Prinzip, das ihn hinwegführt über das Böse und das Böse mit dem Guten versöhnen kann. Das Böse sind die Leidenschaften, das, was den Menschen herunterzieht zur Erde, bis in das, was durch den Stier symbolisiert wird. Was aber den Menschen zum höheren Selbst hinaufführen kann, was als Unsterbliches erscheint, ist der Mittler, der das Niedere ertötet hat, wenn er symbolisch das Schwert in die Lenden des Stieres gestoßen hat. So tritt als Mittler zwischen Gut und Böse, also in der dritten Unterrasse, eine Dreiheit im Göttlichen auf, und damit hat die Menschheit das begriffen, was in der Theosophie Atman-Buddhi-Manas genannt wird. In dem Augenblick, wo der Mittler erscheint, wird das mystische Geheimnis vollzogen: die Dreiheit im Bewußtsein des Menschen erwacht.

So wurde der Mensch geführt durch die menschliche Erkenntnis der Einheit, der Zweiheit und der Dreiheit zu Atman, Buddhi, Manas. Atman oder der Geistesmensch ist die Einheit, die der Mensch in sich selbst wahrzunehmen in der Lage ist, wenn er sich dazu entwickelt haben wird. Buddhi oder der Lebensgeist wird im Menschen dadurch zum Ausdruck kommen, daß das Böse durch das Gute überwunden wird, daß die Zweiheit einerseits die niederen Instinkte oder das Verlangen läutert, und andererseits höhere sogenannte Feuerinstinkte oder die Liebe versöhnt sein werden, indem alles Böse im Feuer der Liebe verzehrt sein wird. Manas oder das Geistselbst ist das geistige Prinzip, das jetzt schon die menschliche Entwickelung regiert. Wie durch den Messias, den Erlöser, in der Welt ein Einklang geschaffen wird, der von der Disharmonie zur Harmonie führen muß, so löst die Zweiheit sich auf durch die Dreiheit, in der das Böse durch das Gute überwunden wird.

Damit war das Menschengeschlecht so weit gekommen, daß es in der Dreiheit sein ganzes Schicksal erblickt. Aber es erblickt in dieser Dreiheit das Schicksal so, wie es als eine ewige Weltordnung über die Menschen verhängt ist. Der Mensch blickt zu dem dreifachen Aspekt der Gottheit hinauf, erblickt eine göttliche Dreieinigkeit in der Welt und sich selbst abhängig von dieser göttlichen Dreieinigkeit. Wahrhaft erfahren mußte er zuerst, daß diese göttliche Dreieinigkeit unmittelbar, in einem Menschenbruder, selbst zu ihm herunterstieg. Das war das große Ereignis, das im Beginne unserer Zeitrechnung steht. Damit wird für das menschliche Bewußtsein die Dreieinigkeit zu etwas ganz Neuem.

Nun verstehen wir aber die tiefere Bedeutung des Weihnachtsfestes nur, wenn wir den Mittler in der richtigen Weise auffassen. Aus der Einheit hat sich die Zweiheit entwickelt, aus der Zweiheit ein Chaos, aus dem sich wieder Harmonie entwickeln soll. Diese Harmonie kann sich nur dadurch entwickeln, daß der Mittler diese Harmonie schafft. Diese Harmonie kann nur ihren Ausdruck finden in einer urewigen Gesetzlichkeit, und diese urewige Gesetzlichkeit fand ihren symbolischen Ausdruck – in der Zeit, in der der Mithrasdienst entstanden ist – dadurch, daß in dem Menschen selbst ein Abbild gesehen wurde dieses die urewigen Weltenharmonien schaffenden Weltgesetzes.

In denselben Mysterien, von denen ich schon hier gesprochen habe, in den Geheimnissen der persischen Religion, finden Sie eine siebenfache Einweihung derjenigen, welche zugelassen wurden zu den heiligen Geheimnissen. Zu dem ersten Grad gehörten diejenigen, die etwas erfuhren von den allerersten Geheimnissen: das war der Grad der «Raben», wie der symbolische Name heißt. Der zweite Grad war derjenige der «Okkulten». Der dritte Grad war derjenige der Kämpfer oder «Streiter» für die heilige Wahrheit. Der vierte Grad waren die sogenannten «Löwen» und der fünfte Grad waren die «Perser». Erst der wurde als voller Perser angesehen, in dem erwacht war das Bewußtsein des höchsten Geistigen im Menschen, das wir mit Manas bezeichnen. Derjenige, in dem das erwacht war, konnte als ein im fünften Grade Eingeweihter bezeichnet werden, und den bezeichnete man als Perser. Er war ein Angehöriger eines Volkes im wahrsten Sinne des Wortes. Er repräsentierte das Schicksal seines Volkes. Und wurde er einen Grad höher eingeweiht, so repräsentierte er nicht mehr das Persönliche seines Volkes, sondern das der ganzen Menschheit. Er repräsentierte dann nicht das Karma eines Volkes, sondern der ganzen Menschheit, insofern sie sich entwickelt hat von der Mitte der lemurischen Rasse und weiter in die fünfte Wurzelrasse hinein. Dann nannte man einen solchen Eingeweihten einen Sonnenläufer oder einen «Sonnenhelden». Alle diejenigen, welche Sie in den Büchern als Sonnenhelden finden, sind nichts anderes als solche Eingeweihte im sechsten Grade. Dann kam der «Vater»; der war verknüpft mit der Menschheitsentwickelung der Zukunft.

Was bedeutet der Name Sonnenläufer? Wenn Sie zurückblicken könnten in die Urzeiten unseres Sonnensystems, so würden Sie sehen, daß dieses Sonnensystem hervorgegangen ist aus dem Kampf des Wärmechaos, und daß sich die Harmonie selbst in unserer Welt aus Disharmonie hergestellt hat, daß sich der Friede und die Gesetze aus Unfriede und Disharmonie herausentwickelt haben. Aber wie sind sie entstanden? Sie sind so entstanden: Die Sonne hat einen so geregelten Lauf, daß wir uns gar nicht vorstellen können, daß die Sonne auch nur einen Augenblick abweichen könnte von ihrer Bahn; so fest in Harmonie begründet ist unsere Welt, daß die Sonne von ihrer Bahn durch die Welt fest bestimmt in ihrer Richtung ist, daß nichts sie aus dieser Richtung herausbringen kann. In diesem Gang der Sonne über das Himmelsgewölbe sah der alte persische Eingeweihte im sechsten

Grad sein eigenes inneres Schicksal. So fest mußte die Sonne seines eigenen Inneren ihm leuchten, die Sonne seines Geistes, daß er ebenso unmöglich von der Bahn des Guten und des Weisen abweichen konnte wie die Sonne von ihrer Bahn. So durchdrungen von dieser Gesetzmäßigkeit mußte der Mensch sein, der die sechste Stufe der Einweihung erreicht hatte, daß er unmöglich aus seiner Bahn herausweichen konnte; dann war er ein Sonnenheld, ein Sonnenläufer.

Alle früheren Grade der Einweihung hatten keinen anderen Zweck, als dem Menschen diese innere Sicherheit, diese innere Sonnenhaftigkeit zu geben. So sah der Mensch, der etwas wußte von diesen Mysterien, eine tiefe Harmonie zwischen dem menschlichen Schicksal und dem Gang der Sonne über das Himmelsgewölbe. Die Sonne – so sagte er –, sie bewirkt, daß die Tage immer kürzer und kürzer werden, daß die Natur gegen den Herbst hin abstirbt, daß alles sich zurückzieht in das Innere. Und wenn wir zu dem Zeitpunkt herankommen, der heute als das Weihnachtsfest gefeiert wird, dann tritt eine neue Wende ein: das Licht tritt hervor, die Tage werden länger in der Natur, die Natur kann wieder erwachen. Die Geburt des Lichtes, das war der Moment, der gefeiert worden ist seit den Zeiten, in denen man gesprochen hat davon, daß das Licht das Symbol der Offenbarung in der Welt und im Menschen ist. So daß im Morgenlande alle Völker unserer Wurzelrasse das Licht als das Kleid für die weise Einrichtung der Welt betrachteten. In dem Licht sahen sie das Kleid für die Weltenweisheit. Wenn wir das Auge in den Weltenraum hinausrichten, so erscheint das Licht, harmonisch und fest eingeprägt, in den Sternen draußen. In Wirklichkeit offenbaren sich die Geister der Weisheit durch das Licht, das die alten Religionen als das Kleid der Weisheit der Welt angesehen haben. So erschien den alten Religionen die Dreiheit, daß sie zuerst die Einheit feierten, die Urweisheit, dann die Zweiheit, Licht und Finsternis, und endlich, als Dreiheit, auch den erleuchteten Menschen, den Lehrer und Mittler, den Mithras.

Aber nicht eher konnte der Menschheit ein Heil werden im Sinne dieses Bewußtseins, bis aus den Menschenherzen selbst hervorgebracht wird das Bewußtsein von dieser ganzen Weltenharmonie. Das, was draußen lebt in der Welt als Licht, als die Geburt des Lichtes, das muß in dem Zeitpunkte, an den wir jetzt herantreten, dem Menschenherzen selbst aufgehen. Davon ist die äußere mystische Tatsache, die sich vollzogen hat, die Begründung des Christentums. In dem Christus ist dasjenige erschienen auf unserer Erde, was von Anbeginn an da war, was aber durch die Zeit hindurch, von der wir jetzt gesprochen haben, der Menschheit verborgen blieb. Während dieser Zeit hat die Menschheit jene drei Stufen nach und nach wiederholt. Jetzt aber kann ein neuer Standpunkt, ein neuer Höhepunkt erreicht werden: das Licht kann neu geboren werden. So wie nach dem immer Schwächer- und Schwächerwerden des Lichtes, indem wir uns dem Herbst nähern, dann, wenn wir zur Winter-Sonnenwende kommen, das Licht neu geboren wird, so wurde auch in der vierten Unterrasse der Heiland, der Christus, der Menschheit geboren. Er ist der neue Sonnenheld, der nicht nur in den Tiefen der Mysterientempel eingeweiht war, sondern vor aller Welt erschien, auf daß selig sein können auch diejenigen, die nicht sehen und doch glauben! Damit war es von selbst gegeben, daß, als man erkannte, daß bis zu der Persönlichkeit heruntersteigen kann das Göttliche, man in dem Momente setzen konnte an die Stelle des Geburtsfestes des Lichtes das Geburtsfest des Sonnenhelden der vierten nachatlantischen Rasse.

Das geschah im 4. Jahrhundert unserer vierten Unterrasse. Was früher nie da war, war jetzt da, nämlich die Möglichkeit, daß der Mensch das Licht in sich selber gebären konnte. Er konnte es, weil das Lichtprinzip zum ersten Male in einem Menschen inkarniert war. Damit, daß dies geschehen war, war notwendigerweise das Wintersonnenwendfest in Zusammenhang gebracht mit dem Christfest. Die ganze Bedeutung der vorhergehenden Unterrassen ist festgelegt und festgestellt mit der Verlegung des Geburtsfestes Christi auf das Wintersonnenwendfest. Von außen war zuerst den Menschen die Weisheit und das Licht erschienen, jetzt aber soll das Licht hervorgebracht werden aus dem eigenen menschlichen Herzen. Christus sollte im Menschen selbst geboren werden. Deshalb mußte auch das Ereignis in Palästina eintreten, ein mystisches Ereignis und eine historische Tatsache.

Wir haben es also mit einem historischen Ereignis zu tun, und das ist gerade das große Mysterium, das so wenig begriffen wird: daß sich das, was sich in Palästina abgespielt hat, wörtlich so abgespielt hat, wie es beschrieben worden ist im Johannes-Evangelium, und daß es zugleich eine mystische Tatsache ist. Wer das Ereignis nicht so auffaßt, der versteht das Ereignis noch nicht. Wenn Sie es aber so auffassen, dann werden Sie auch verstehen, warum von diesem Momente an Gott als Persönlichkeit vorzustellen ist, und daß die Dreieinigkeit, die vorher anders vorgestellt worden war, in der Form von drei göttlichen Personen vorzustellen ist. Christus war jetzt Person geworden, und damit war der Beweis geliefert, daß das Göttliche im Menschen verwirklicht werden kann. Damit war ein Erstling auf der Erde erschienen, in dem einmal das Göttliche gewohnt hat. Und das konnte fortan ein bleibendes, ein nimmer zu zerstörendes Ideal für die Menschen werden.

Alle früheren großen Weisheitslehrer – der ägyptische Hermes, die alten indischen Rishis, der chinesische Konfuzius, der persische Zarathustra –, sie haben das Wort des Göttlichen ausgesprochen, sie waren die großen Lehrer. Mit Jesus, der der Christus war, hat zum ersten Male in einer lebendigen Gestalt das Göttliche selbst auf der Erde gewandelt. Vorher hatten wir auf der Erde nur den Weg und die Wahrheit. Jetzt haben wir den Weg, die Wahrheit und das Leben. Das ist der große Unterschied zwischen den früheren Religionen und dem Christentum, daß das letztere die Erfüllung der vorhergehenden Religionen ist, daß man es bei Christus nicht mit einem Weisheitslehrer zu tun hat – denn Weisheitslehrer sind auch in allen anderen Religionen vorhanden –, sondern mit einer menschlichen Persönlichkeit, die zugleich als göttliche Persönlichkeit verehrt werden muß. Daher ist die Botschaft der Jünger so wichtig: Wir haben die Hände in seine Wunden gelegt, wir haben seine Botschaft gehört. – Daher auch das Bauen auf den Augenschein, auf den unmittelbaren Sinneseindruck; daß man nicht bloß auf das Wort zu hören, sondern auch auf die Persönlichkeit zu sehen hätte. Und daher auch die Überzeugung, daß er der Weltensonnenheld in ganz einziger Art war.

Wenn wir das begreifen, dann verstehen wir auch, daß das alte Fest der Wintersonnenwende früher etwas anderes bedeutet hat als das heutige Christfest. In Ägypten finden wir Horus, Isis und Osiris, das Urbild dessen, was auch im Christentum lebt. Im alten Indien haben wir die Geburt des Krishna von der heiligen Jungfrau. Überall finden wir Anklänge an diese Mythe. Aber das, worauf es bei dem Christentum ankommt, ist dasjenige, was ich soeben ausgesprochen habe: es ist der Umstand, daß nicht nur die Dreiheit, sondern die Vierheit heilig geworden ist, daß das Heilige heruntergestiegen ist bis zur Persönlichkeit. Vorher war das Heilige göttlich und thronte in unerreichbarer Höhe über den Menschen. Die alten Weisheitslehrer, die heiligen Rishis, verehrten es als das unbestimmte, nicht auszusprechende Brahman; die alten Zarathustraschüler sahen es in dem Doppelausdruck des Guten und Bösen; in Ägypten ist, wie gesagt, die Dreiheit von Isis, Osiris und Horus – aber daß das Göttliche gewohnt hat unter den Menschen, daß es Persönlichkeit geworden ist, das war das Geheimnis der vierten Unterrasse. Das ist das wichtigste Ereignis unserer Menschheitsepoche, daß das Weihnachtsfest, das immer dargestellt hat die Geburt eines Eingeweihten, jetzt darstellt die Geburt des größten Sonnenhelden, des Christus selbst. So sehen wir notwendig diese zwei Dinge im Weltenlauf zusammenklingen.

Wenn wir hinblicken auf die vierte Unterrasse und sie vergleichen mit dem Zeitpunkt, an dem wir selbst stehen, dann sehen wir das Göttliche noch weiter heruntergerückt. Und es hat eine eigentümliche Gestalt in unserer jetzigen Zeit angenommen, eine Gestalt, die man verstehen muß, wenn man das Weihnachtsfest völlig entziffern will. Gehen Sie zurück in die vierte Unterrasse, bis in das 12., 13. Jahrhundert: überall werden Sie volles Verständnis für die wirkliche Persönlichkeit Christi bei denen finden, die das wissen; wobei diese Persönlichkeit Christi so umfassend geschildert wird, daß zum Beispiel in der Dichtung «Heliand» deutsche Verhältnisse auf den Christus übertragen werden. Der Christus steht so fest innerhalb der Menschheit, daß man die Verhältnisse anderer Länder in Beziehung bringen kann zu seiner erlösenden Tat. So fest steht er in der allgemeinen Menschheit drinnen als Persönlichkeit. Dann aber kommt eine andere Stimmung. Es kommt eine gewisse Erschütterung des Glaubens an dieses Urbild der Menschheit. Etwas, was auf der einen Seite ein Fortschritt ist, tritt ein: ein viel größerer Kreis der Menschheit tritt ein in die weitere Evolution des Christentums. Aber dafür hört der Mensch auf, zu begreifen, daß in der einzelnen Persönlichkeit des Christus der Mittelpunkt seines Denkens, Fühlens und Wollens liegen könne. Immer weniger werden diejenigen, welche sich zu sagen getrauen, daß es sich nicht um die Lehre, sondern um die Persönlichkeit Christi handelt. Schließlich löst sich das gar auf in der Verehrung des abstrakten Ideals, das man nur noch geistig denkt und dem der Mensch zustrebt. Zur Zeit der ersten Unterrasse war es Brahman, zur Zeit der zweiten war es Licht und Finsternis, zur Zeit der dritten war es die Dreieinigkeit. Dann, zur Zeit der vierten Unterrasse, war diese Dreieinigkeit heruntergestiegen und Person geworden. Es ist das Persönliche zuletzt noch weiter heruntergestiegen, bis zum bloßen Verstande, der das Menschheitspersönliche aufgelöst hat und nur noch als abstraktes Ideal verehrt.

In unserer fünften Unterrasse bereitet sich aber schon der Zeitpunkt vor, der da noch kommen muß, und der uns bringen muß den Glauben an die neuen Eingeweihten, an die Väter. Die im siebenten Grad Eingeweihten nennt man die Väter, und wir sprechen in der geisteswissenschaftlichen Weltanschauung von der Erkenntnis der Meister, weil es nicht bloß der eine ist, sondern weil es die Meister sein werden, zu denen der Mensch in Dankbarkeit und Verehrung hinblicken wird als zu den großen Führern der Menschheit. So verbindet uns die fünfte Unterrasse mit unserer Zukunft. Und so erscheint uns diese vierte Unterrasse mitten hineingestellt in den großen Prozeß, den wir durchmachen, in den Prozeß des Advents, das heißt der drei vorangegangenen Rassen, wovon der dreiwöchige Advent ein Abbild ist, weil der Mensch in Kürze noch einmal durchmacht die Art und Weise, wie in früherer Zeit das Aufgehen des Lichtes zur Weihnachtszeit erfolgte. Dann folgt darauf das Leben im Lichte. Deshalb ist auch für den Christen das Weihnachtsfest nicht etwas Vorübergehendes, nicht ein Erinnerungsfest an das, was vorübergegangen ist; denn das Weihnachtsantiphon heißt nicht: Christus ist geboren worden, oder Christus war geboren, sondern es heißt: Heute ist Christus geboren. – Immer wird von heute gesprochen. Das ist wichtig und bedeutungsvoll. Von heute wird gesprochen in dem Sinne, wie Christus selbst gesprochen hat: Ich bin bei euch bis ans Ende der Tage. – Das ist etwas, was mit jedem Jahre neu vor uns steht und uns enthüllt den Zusammenhang zwischen Mensch und Himmel. Er zeigt uns, daß auch im Menschen sich das vollziehen muß, was sich im Himmel vollzogen hat. Und wie die Sonne aus ihrer Bahn nicht einen Zentimeter hinausgehen könnte, ohne Verwirrung anzurichten, so muß auch der Mensch seinen Weg einhalten. Er muß jene innere Harmonie, jenen inneren Rhythmus erreichen, den ihm darlebt Christus, der in dem Jesus inkarniert war, und der wirken wird in den Vätern, deren Führung der Mensch in Zukunftszeiten nachleben muß.

Das ist der Zusammenhang zwischen Mensch und Himmel: Die Sonne soll nicht nur unbeirrbar am Himmel wandeln und zur Wintersonnenwende neue Kräfte gewinnen, sie soll auch im Menschen bewirken eine Geburt des Lichtes aus dem tiefsten Inneren heraus, ein Auferstehen, ein Sonnenheldentum der fünften Wurzelrasse. Daher heißt auch der Weihnachtsspruch: «Gloria in excelsis deo et in terra pax», «Friede den Menschen auf Erden, die eines guten Willens sind.» Der innere Friede wird auch die Menschheitsevolution in einen rhythmischen Gang bringen, so wie die Sonne ihren eigenen Gang in einen regelmäßigen Rhythmus gebracht hat. In der Sonne haben wir ein Abbild des urewigen Kreislaufs des Kosmos. Sie hat das Chaos in sich selbst überwunden und zum Frieden gebracht. In diesem Sinne ist das Weihnachtsfest ein Fest des Friedens, von dem auch ausströmen soll die Stimmung des Friedens und der Harmonie. Dann wird es in der richtigen Weise begangen, wenn von diesem Feste ausströmt die Kraft des Friedens und der Harmonie. Es ertönen mit den Weihnachtsglokken nicht allein kirchliche Klänge, es ertönen uns die Klänge der ganzen strebenden Menschheit, die an der gegenwärtigen Kultur und ihrer Fortentwickelung arbeitet und gearbeitet hat, seitdem die Erde mit ihrer Geistigkeit wieder aus dem großen Froste emporsteigt.

Was die vorhergehenden Rassen als ihre Zukunft ersehnt haben, das wurde der vierten nachatlantischen Unterrasse geboren. Und das, was die drei nachfolgenden erstreben müssen, das tönt heraus aus den Weihnachtsklängen. Die Harmonien der Himmel sprechen wirklich zu uns, wenn wir verstehen, was das Weihnachtsfest ausdrückt. So fest begründet ist in der uralten Weisheit ein jegliches Fest des Jahres.

Nicht zufällig sind diese Feste festgesetzt worden, nicht der Willkür sind sie entsprossen, sondern aus der tiefsten Weisheit der Welt sind sie geschöpft, und wer sie wirklich verstehen und mit vollem Verständnis feiern kann, der findet darin die Schriftzeichen der uralten Weisheit für das, was geschehen ist von Anbeginn und geschehen wird in die Zukunft hinein. Dadurch gewinnen die Feste eine neue Bedeutung; sie hören auf, die konventionelle Bedeutung zu haben, die sie ja für viele nur noch haben. So die großen Weltenwahrheiten lesen, heißt, die großen Weltenfeste im richtigen Sinne feiern. Mit dem Herzen, mit dem Sinn, mit dem Gemüte lesen Sie die Urwahrheiten des Himmels, wenn Sie die großen Weltenfeste feiern. Dann sind sie auch wieder echt aus dem Geiste heraus gefeiert, dann sind sie der Menschheit wieder etwas.

Nicht bloße abstrakte Gedanken, nicht ein Dogmengeflecht ist die anthroposophische Geisteswissenschaft. Sie hat eine große Aufgabe und eine Weltmission, um das, was die Menschheit vergessen hat, wieder zu beleben, das Feuer wieder herauszuschlagen aus dem, was uns von unseren Altvordern gegeben worden ist. Dann wird auch der Egoismus der Menschen aufhören. Sie werden lernen, in dem Einheitsgeist der Welt zu leben. Das ist die Weisheit, welche, neben vielem anderen, von der Geisteswissenschaft ausströmt, und sie ist in gutem Sinne praktisch; sie gibt uns den inneren Halt und die sichere Hoffnung. Und deshalb wird jene Friedensstimmung und Geisteszuversicht, die von dem Weihnachtsfest ausströmt, den zur Geist-Erkenntnis Strebenden im tiefsten Inneren durchseelen können.

Die erhabenen geistigen Führer der Menschheit haben uns in Urzeiten selbst einmal dieses Fest vorgeschrieben. Lassen Sie uns das als echte Weihnachtsweisheit heute am Schluß dieser Stunde noch vor das innere Augen stellen: Vorgeschrittene Menschenbrüder sind die Führer der spirituellen Bewegung, vorgeschrittene Menschenbrüder, die bei dem Beginne der fünften Wurzelrasse damals, als die großen Weltenfeste festgelegt worden sind, schon zugegen waren, und die uns auch heute noch als die großen Lehrer der Menschheit solche Wahrheiten wieder enthüllen. Die Weisheitslehren geben sie uns nicht aus Spekulation, aus eigener Meinung heraus, sondern weil sie dabei waren, als die Dinge sich offenbarten. Sie haben den Frieden vorbereitet, der einst über die Menschheit strömen soll, und sie haben in den Festen die heilige Schrift verfaßt, aus der wir lesen sollen die Botschaft des Friedens, die Botschaft der inneren Seelenseligkeit, die wir durch die Geisteswissenschaft wieder erlangen sollen. Leben wir im Sinne der Meister des Einklangs, dann leben wir immer mehr dem großen Ideal entgegen, das sie uns selber darleben. An jene erhabenen Führer der Menschheit läßt uns die Geisteswissenschaft denken, wenn uns die Weihnachtsstimmung ergreift, die uns vom Frieden spricht, und von den Opfergaben der großen Meister. Es strömt dieser Friede in die Menschheitszukunft hinein. Wir sehen sie ganz umflossen von dem Glanze dieses geistigen Lichtes und des Zusammenklangs der Empfindungen. In dieser Glorie, in der sie uns erscheinen, erkennen wir sie als die Väter, die uns der Zukunft entgegenführen. Wir streben ihnen nach und aus unserer eigenen Seele wird ein Leben geboren, das in Frieden getaucht ist, in Harmonie und Eintracht – in jene Harmonie, die ein Abbild ist des Ganges der Sonne um die Welt.

Die Geburt des Friedens zur Weihnachtszeit ist ein Abbild des Ganges der Sonne um das Himmelsgewölbe. Das lehren uns die weisen Magier, die großen Meister, das sprechen diejenigen, die nicht nur einen blinden Glauben an diese Meister haben, sondern die da wissen und aus ihrem vollen Wissen heraus sagen: Die Meister, sie *sind,* und die spirituelle Weltbewegung unter der Führung der Meister ist die große erhabene Friedensbewegung, die den Menschen hinführt zu jener Weltenharmonie, in welcher die Menschenseelen mit der harmonischen Regelmäßigkeit und Unbeirrbarkeit leben werden, mit der die Sonne durch die Welten zieht und uns die Wege weist zur leuchtenden Schönheit der geistigen Sonne.

DAS WEIHNACHTSFEST ALS WAHRZEICHEN DES SONNENSIEGES

Berlin, 14. Dezember 1905

Versuchen wir einmal darüber nachzudenken, wie viele Menschen heute noch eine klare, etwas tiefergehende Vorstellung in ihrer Seele wachzurufen verstehen, wenn sie jetzt durch die Straßen schreiten und an allen Orten die Vorbereitungen zum Weihnachtsfest sehen. Wie wenig klare Vorstellungen es über dieses Fest heute gibt und wie wenig sie entsprechen den Absichten derer – wir dürfen als Theosophen so sprechen –, die einstmals diese großen Feste als Wahrzeichen des Unendlichen und Unvergänglichen in der Welt eingesetzt haben, davon kann man sich hinlänglich überzeugen, wenn man einen Blick in die sogenannten Weihnachtsbetrachtungen unserer Zeitungen wirft. Etwas Trostloseres und zu gleicher Zeit dem, um was es sich handelt, Fremderes kann es wohl nicht geben als dasjenige, was durch das bedruckte Papier in dieser Zeit in die Welt hinausgeht.

Lassen Sie heute eine Art Zusammenfassung dessen vor unserer Seele vorbeiziehen, was uns diese verschiedenen Herbstvorträge über den geisteswissenschaftlichen Horizont gebracht haben. Nicht etwa eine pedantische, schulmeisterliche Zusammenfassung soll es sein, sondern eine Zusammenfassung von der Art, wie sie in unseren Herzen aufsteigen kann, wenn wir anknüpfen vom geisteswissenschaftlichen Standpunkte an das Weihnachtsfest, wie es sich uns darbieten kann, wenn wir die geisteswissenschaftliche Lebensauffassung nicht als graue Theorie, nicht als äußeres Bekenntnis, nicht als Philosophie, sondern als unmittelbar uns durchpulsendes Leben selbst betrachten. Der heutige Mensch steht der unmittelbaren Natur fremd gegenüber, viel fremder, als er denkt, viel fremder als noch zur Zeit *Goethes*. Oder wer fühlt noch die ganze Tiefe jenes Goethe-Wortes, das der große Dichter sprach, als er in die Kreise von Weimar eintrat und zu gleicher Zeit eine für ihn äußerst wichtige Lebensepoche begann? Damals richtete er an die Natur mit ihren geheimnisvollen Kräften einen Hymnus, eine Art Goethe-Gebet:

«Natur! Wir sind von ihr umgeben und umschlungen – unvermögend, aus ihr herauszutreten, und unvermögend, tiefer in sie hinein zu kommen. Ungebeten und ungewarnt nimmt sie uns in den Kreislauf ihres Tanzes auf und treibt sich mit uns fort, bis wir ermüdet sind und ihrem Arm entfallen.

Sie schafft ewig neue Gestalten; was da ist, war noch nie, was war, kommt nicht wieder – alles ist neu und doch immer das Alte.

Wir leben mitten in ihr und sind ihr fremde. Sie spricht unaufhörlich mit uns und verrät uns ihr Geheimnis nicht. Wir wirken beständig auf sie und haben doch keine Gewalt über sie.

Sie scheint alles auf Individualität angelegt zu haben, und macht sich nichts aus den Individuen. Sie baut immer und zerstört immer, und ihre Werkstätte ist unzugänglich.

Sie lebt in lauter Kindern, und die Mutter, wo ist sie? – Sie ist die einzige Künstlerin: aus dem simpelsten Stoff zu den größten Kontrasten; ohne Schein der Anstrengung zu der größten Vollendung – zur genauesten Bestimmtheit, immer mit etwas Weichem überzogen. Jedes ihrer Werke hat ein eigenes Wesen, jede ihrer Erscheinungen den isoliertesten Begriff, und doch macht alles Eins aus.

Sie spielt ein Schauspiel: ob sie es selbst sieht, wissen wir nicht, und doch spielt sie's für uns, die wir in der Ecke stehen.

Es ist ein ewiges Leben, Werden und Bewegen in ihr, und doch rückt sie nicht weiter. Sie verwandelt sich ewig, und ist kein Moment Stillestehen in ihr. Fürs Bleiben hat sie keinen Begriff, und ihren Fluch hat sie ans Stillestehen gehängt. Sie ist fest. Ihr Tritt ist gemessen, ihre Ausnahmen selten, ihre Gesetze unwandelbar . . . »

Wir sind alle ihre Kinder. Und wenn wir glauben, am wenigsten nach ihren Gesetzen zu handeln, handeln wir vielleicht am allermeisten nach diesem durch die Natur flutenden und in uns einströmenden großen Gesetze. Und wer fühlt das andere bedeutsame Goethe-Wort so ganz tief heute noch, mit dem Goethe nicht minder versuchte, das Einfühlen in die verborgenen, der Natur und dem Menschen gemeinsamen Kräfte zum Ausdruck zu bringen, da, wo Goethe diese Natur anspricht nicht wie eine leblose Wesenheit, gleich etwa dem heutigen materialistischen Denken, wo er sie anspricht wie einen lebendigen Geist:

Erhabner Geist, du gabst mir, gabst mir alles,
Warum ich bat. Du hast mir nicht umsonst
Dein Angesicht im Feuer zugewendet.
Gabst mir die herrliche Natur zum Königreich,
Kraft, sie zu fühlen, zu genießen. Nicht
Kalt staunenden Besuch erlaubst du nur,
Vergönnest mir in ihre tiefe Brust
Wie in den Busen eines Freunds zu schauen.
Du führst die Reihe der Lebendigen
Vor mir vorbei, und lehrst mich meine Brüder
Im stillen Busch, in Luft und Wasser kennen.
Und wenn der Sturm im Walde braust und knarrt,
Die Riesenfichte, stürzend, Nachbaräste
Und Nachbarstämme quetschend niederstreift,
Und ihrem Fall dumpf-hohl der Hügel donnert,
Dann führst du mich zur sichern Höhle, zeigst
Mich dann mir selbst, und meiner eignen Brust
Geheime tiefe Wunder öffnen sich.

Das ist die Stimmung, durch welche Goethe aus seinem Naturgefühl heraus wiederum etwas von dem aufzufrischen suchte, was aus Gefühl und Erkenntnis zugleich herausfloß. Das ist die Stimmung in den Zeiten, in denen die Weisheit selbst noch mit der Natur im Bunde lebte, in denen geschaffen wurden jene Wahrzeichen des Sich-Einsfühlens mit der Natur und dem Universum, als die wir, vom geisteswissenschaftlichen Gesichtspunkte ausgehend, die großen Feste erkennen. Etwas Abstraktes, fast Gleichgültiges, ist für die Seele und für das Herz solch ein Fest geworden. Uns gilt heute vielfach das Wort, um das wir streiten können, zu dem wir schwören können, mehr als das, was dieses Wort ursprünglich gelten sollte. Dieses Wort, dieses äußere, dieses buchstäbliche Wort sollte sein der Repräsentant, die Ankündigung, das Sinnbild des großen, des schöpferischen Wortes, das in der Natur draußen und im ganzen Universum lebt, und das wieder in uns auflebt, wenn wir uns richtig erkennen, und bei denjenigen Gelegenheiten, die sich nach dem Gange der Natur besonders dazu eignen, der ganzen Menschheit zum Bewußtsein gebracht werden soll. Das war die Absicht bei der Einsetzung der großen Feste. Versuchen wir, unsere Erkenntnis, also dasjenige, was wir uns anzueignen bestrebt waren im Laufe der geisteswissenschaftlichen Vorträge, zu gebrauchen, um so etwas zu verstehen, was die alten Weisen ausdrückten in dem Weihnachtsfest.

Dieses Weihnachtsfest ist nicht bloß ein christliches Fest. Es hat es überall gegeben, wo religiöses Fühlen sich ausdrückte. Wenn Sie sich umsehen im alten Ägypten, tausend und abertausend Jahre vor unserer Zeitrechnung, wenn Sie hinübergehen nach Asien, auch wenn Sie heraufgehen in unsere Gegenden, wiederum lange Jahre vor unserer Zeitrechnung, überall finden Sie dieses gleiche Fest in den Tagen, in denen auch die Geburt des Christus durch das Christentum gefeiert wird.

Was war das für ein Fest, das überall auf der Erde, seit uralten Zeiten, in diesen Tagen gefeiert wurde? – Auf nichts anderes wollen wir uns heute beziehen als auf jene wunderbaren Feuerfeste, welche in den Gegenden des nördlichen und mittleren Europas in alten Zeiten begangen wurden. In diesen Tagen war es, als jenes Fest in unseren Gegenden, in Skandinavien, Schottland, England, innerhalb der Kreise der alten Kelten von ihren Priestern, den sogenannten Druiden, vorzugsweise gefeiert worden ist. Und was wurde da gefeiert?

Da wurde gefeiert die zu Ende gehende Winterszeit und die sich nach und nach wieder ankündigende Frühlingszeit. Freilich gehen wir noch, indem wir Weihnachten entgegentreten, dem Winter zu. Aber in der Natur kündigt sich da bereits ein Sieg an, der eben für den Menschen das Wahrzeichen eines Hoffnungsfestes, oder besser gesagt – wenn wir das Wort gebrauchen, das für dieses Fest fast in allen Sprachen vorhanden ist –, das Wahrzeichen eines Zuversichtsfestes, eines Vertrauens- und Glaubensfestes sein kann. Der Sieg der Sonne über die ihr entgegenstrebenden Mächte der Natur: das ist das Wahrzeichen. Wir haben sie gespürt, die immer kürzer und kürzer werdenden Tage. Und dieses Kürzerwerden der Tage ist uns ein Ausdruck für ein Absterben, besser gesagt für ein Einschlafen der Naturkräfte bis zu dem Tage, an dem wir das Weihnachtsfest feiern und an dem unsere Vorfahren dasselbe Fest begingen. An diesem Tage fangen die Tage selbst an, immer länger und länger zu werden. Das Licht der Sonne feiert seinen Sieg über die Finsternis. Das erscheint uns heute, indem wir materialistisch denken, viel mehr, als wir es glauben, als ein Ereignis, über das wir nicht mehr besonders nachdenken. Denjenigen, die ein lebendiges Gefühl und eine mit dem Gefühl im Bunde stehende Weisheit hatten, erschien es wie ein lebendiger Ausdruck für ein geistiges Erlebnis, für ein Erlebnis der Gottheit selbst, die unser Leben lenkt. Wie wenn in dem einzelnen persönlichen Menschenleben ein wichtiges Ereignis stattfindet, das etwas entscheidet, so empfand man in jener Zeit eine solche Sonnenwende als etwas Wichtiges im Leben eines höheren Wesens. Ja noch mehr: Nicht unmittelbar nur empfand man dieses Kürzerwerden und wiederum Längerwerden der Tage als einen Ausdruck eines solchen Lebensereignisses eines höheren Wesens, sondern mehr noch wie ein Erinnerungszeichen an etwas viel Größeres, etwas Einziges. Und damit kommen wir auf den großen Grundgedanken des Weihnachtsfestes als eines Weltenfestes, eines Menschheitsfestes allererster Ordnung.

In den Zeiten, in denen es eine wirkliche Geheimlehre gegeben hat – nicht wie heute, wo sie von der äußeren materialistischen Weltanschauung verleugnet wird, sondern in dem Sinne, daß sie als das Lebensblut allen Volkslebens gewirkt hat –, in den Zeiten sah man zu Weihnachten etwas sich in der Natur ereignen, das wie ein Merkstein angesehen wurde, wie ein Erinnerungszeichen an ein großes Ereignis, das einst auf diesem Erdenrund stattgefunden hat. Und die Priester, welche ihre Getreuesten, diejenigen, die die Lehrer des Volkes waren, in diesen Tagen zur Mitternachtsstunde um sich versammelten, suchten ihren Getreuen ein großes Geheimnis zu enthüllen und sprachen ungefähr das Folgende zu ihnen. Ich erzähle Ihnen hier nicht irgend etwas Ausgeklügeltes, nichts durch die abstrakte Wissenschaft Gefundenes, sondern ich erzähle etwas, was gelebt hat in den Mysterien, in geheimen Kultstätten, in den angedeuteten Zeiten, da die Priester ihre Getreuen versammelten, um ihnen durch das, was sie ihnen sagten, Kraft für ihre Lehren zu geben. – Heute, so sagten sie, sehen wir sich ankündigen den Sieg der Sonne über die Finsternis. Und so war es auch einmal auf dieser Erde. Da feierte die Sonne den großen Sieg über die Finsternis. Das geschah so: Bis dahin war alles Physische, alles leibliche Leben auf unserer Erde fast nur bis zur Tierheit gediehen. Was auf unserer Erde als höchstes Reich lebte, das war erst auf der Stufe sich vorzubereiten, die unsterbliche Menschenseele zu empfangen. Dann kam in dieser Vorzeit ein Augenblick, ein großer Augenblick der Menschheitsentwickelung, da stieg von göttlichen Höhen die unsterbliche, die unvergängliche Menschenseele herunter. Die Lebenswelle hatte sich bis zu jener Zeit so entwickelt, daß der Menschenleib fähig geworden war, die unvergängliche Seele in sich aufzunehmen. Höher zwar, als die materialistischen Naturforscher glauben, stand dieser Menschenvorfahr. Aber der geistige Teil, der unsterbliche Teil war noch nicht in ihm. Er stieg erst herunter von einem anderen, höheren Planeten auf unsere Erde, die nun der Schauplatz seines Wirkens werden sollte, der Aufenthaltsort von dem, was nun unverlierbar für uns ist, von unserer Seele.

Die lemurische Rasse nennen wir diese Menschheitsvorfahren. Ihr folgte die atlantische Rasse und dann die unsrige, die wir die arische Rasse nennen. Innerhalb dieser lemurischen Rasse wurden die Menschenkörper befruchtet von der höheren Menschenseele. Das «Herabsteigen der göttlichen Söhne des Geistes» nennt die Geisteswissenschaft diesen großen Augenblick der Menschheitsentwickelung. Seit jener Zeit formt und arbeitet im Menschenleib zu seiner höheren Entwickelung diese menschliche Seele. Anders als die materialistische Naturwissenschaft sich das denkt – heute kann ich das nur andeuten, in anderen Vorträgen habe ich ausführlich davon gesprochen, und das müssen diejenigen berücksichtigen, die das erste Mal hier sind und das, was ich sage, als Phantastik betrachten könnten –, anders war es zu diesem Zeitpunkte, in dem der Menschenleib von der unvergänglichen Seele befruchtet wurde. Entgegen der Anschauung der materialistischen Naturforscher geschah damals etwas im großen Universum, was zu den wichtigsten Ereignissen unserer Menschheitsentwickelung gehört.

Damals trat zuerst, nach und nach, jene Konstellation ein, jene gegenseitige Stellung von Erde, Mond und Sonne, die den Herabstieg der Seelen möglich machte. Die Sonne erhielt dazumal für den Menschen jene Bedeutung, welche sie für sein Wachstum, für sein Gedeihen auf der Erde hat, und zu gleicher Zeit auch die Bedeutung, die sie für die anderen Geschöpfe hat, die zu ihm gehören, für Pflanzen und Tiere. Nur wer geistig sich das ganze Werden von Menschheit und Erde klarmacht, wird diesen Zusammenhang von Sonne, Mond und Erde mit den auf der Erde lebenden Menschen in der richtigen Weise einsehen. Es gab eine Zeit – so lehrte man in diesen alten Zeiten –, da war die Erde noch eins mit Sonne und Mond. Da waren sie noch *ein* Körper. Da waren die Wesenheiten auch noch von anderer Gestalt und von anderem Aussehen als die heute auf der Erde lebenden, denn sie waren dazumal angepaßt jenem Weltenkörper, der aus Sonne, Mond und Erde gemeinschaftlich bestand. Alles, was auf dieser Erde lebt, erhielt seine Wesenheit dadurch, daß zuerst die Sonne und dann der Mond sich abtrennte, und daß diese beiden Himmelskörper in eine äußere Beziehung zu unserer Erde traten. Und in dieser Beziehung liegt sogleich das Geheimnis der Zusammengehörigkeit des Menschengeistes mit dem ganzen Universalgeist, den man in der Geisteswissenschaft den Logos nennt, und der die Sonne, den Mond und die Erde zu gleicher Zeit umfaßt. Da drinnen leben, weben und sind wir.

So wie die Erde herausgeboren ist aus dem Körper, der Sonne und Mond zugleich umfaßte, so ist der Mensch herausgeboren aus einem Geiste, aus einer Seele, der Sonne und Erde und Mond zugleich angehören. Wenn der Mensch hinaufsieht zur Sonne, hinaufsieht zum Mond, soll er nicht nur diese äußeren physischen Körper sehen, sondern soll in ihnen sehen äußere Leiber für geistige Wesenheiten. Das hat freilich der heutige Materialismus verlernt. Aber wer nicht mehr in der Sonne und im Monde die Leiber von Geistern sehen kann, der kann auch nicht im Menschenleibe den Körper eines Geistes erkennen. So wahr der Menschenleib der Träger eines Geistes ist, so wahr sind die Himmelskörper die Träger von geistigen Wesenheiten. Zu diesen geistigen Wesenheiten gehört auch der Mensch. So wie sein Leib von den Kräften, die in Sonne und Mond walten, abgetrennt ist, und wie sein äußeres Physisches doch Kräfte beherbergt, die in Sonne und Mond tätig sind, so ist auch in seiner Seele dieselbe Geistigkeit tätig, die auf Sonne und Mond herrscht. Und indem der Mensch auf der Erde dieses Wesen geworden ist, ist er abhängig geworden von jener Wirkungsart der Sonne, in die sie eingetreten ist als ein besonderer, die Erde bescheinender Körper.

So fühlten sich unsere Altvordern als geistige Kinder des ganzen Universums, und sie sagten sich: Durch das, was durch den Sonnengeist in uns unsere Geistesform hervorgerufen hat, sind wir Menschen geworden. Der Sieg der Sonne über die Finsternis bedeutet für uns zugleich eine Erinnerung an den Sieg, den dazumal, in den Zeiten, in denen die Sonne zum erstenmal so geschienen hat, wie sie jetzt auf der Erde scheint, unsere Seele errungen hat. Ein Sonnensieg war es, als die unsterbliche Seele dazumal im Zeichen der Sonne eintrat in den physischen Leib, sich hineinsenkte in die Finsternis der Begierden, Triebe und Leidenschaften.

Stellen wir uns das Leben des Geistes einmal vor. Die Finsternis geht voran dem Sonnensieg. Und diese Finsternis folgte nur auf eine frühere Sonnenzeit. So war es auch mit der Menschenseele. Diese Menschenseele geht hervor aus der ursprünglichen Göttlichkeit. Aber sie mußte eine Zeitlang untertauchen in die Bewußtlosigkeit, um innerhalb dieser Bewußtlosigkeit die niedere Menschennatur aufzubauen; denn diese Menschenseele hat selbst die niedere Menschennatur allmählich aufgebaut, um dann dieses von ihr selbst aufgebaute Wohnhaus zu bewohnen. Wenn Sie sich vorstellen, daß ein Baumeister ein Wohnhaus baut, nach den besten Kräften, die in ihm selbst sind, und später in dasselbe einzieht, so haben Sie ein richtiges Gleichnis für den Einzug der unsterblichen Menschenseele in den Menschenkörper. Aber nur unbewußt konnte in jener Zeit die Menschenseele an ihrem Wohnhaus arbeiten. Dieses unbewußte Arbeiten ist in dem Gleichnis ausgedrückt durch die Finsternis. Und das Bewußtwerden, das Aufleuchten der bewußten Menschenseele, ist in dem Gleichnis ausgedrückt durch den Sonnensieg.

So bedeutete dieser Sonnensieg für diejenigen, welche ein lebhaftes Empfinden von dem Zusammenhang des Menschen mit dem Universum noch hatten, den Augenblick, in welchem sie das Wichtigste für ihr Erdendasein empfangen hatten. Dieser große Augenblick, er wurde festgehalten in jener Feier.

Nun stellte man sich zu allen Zeiten den Gang des Menschen durch das Erdenwallen so vor, daß dieser Mensch immer ähnlicher und ähnlicher wird dem regelmäßigen rhythmischen Gang der Natur selbst. Blicken wir einmal von der Menschenseele auf zu dem, worin jetzt ihr

Leben eingeschlossen ist, blicken wir auf zu dem Gang der Sonne im Universum und zu allem, womit dieser Gang der Sonne in Verbindung ist, so wird uns etwas klar, was zu fühlen, zu empfinden unendlich wichtig ist: das große Rhythmische, das große Harmonische im Gegensatz zu dem Chaotischen, zu dem Unharmonischen in der eigenen Menschennatur. Blicken Sie hinauf zur Sonne, verfolgen Sie sie auf ihrem Wege, und Sie werden sehen, wie rhythmisch, wie regelmäßig ihre Erscheinungen im Jahresgang und im Tageslauf wiederkehren. Und Sie werden sehen, wie regelmäßig und rhythmisch alles zusammenhängt unter dem Sonnenlauf in dem, was wir die Natur nennen.

Öfters habe ich schon betont, daß alles rhythmisch ist bei den unter dem Menschen stehenden Wesenheiten. Denken Sie sich die Sonne einen Augenblick hinausgerückt von der Bahn, einen Bruchteil einer Sekunde nur, und stellen Sie sich die unglaubliche, die unbeschreibliche Unordnung vor, die in unserem Universum angerichtet würde. Nur durch diese große, gewaltige Harmonie im Sonnenlauf ist unser Universum möglich. Mit dieser Harmonie hängen die rhythmischen Lebensprozesse aller Wesen zusammen, die von der Sonne abhängig sind. Stellen Sie sich die Sonne im Jahreslauf vor, wie sie die Wesen der Natur hervorruft im Frühling, stellen Sie sich vor, wie wenig Sie imstande sind zu denken, daß das Veilchen zu einer anderen Zeit blüht als zu der, wo Sie es gewohnt sind. Stellen Sie sich vor, daß die Saat zu einer anderen Zeit ausgeworfen werde und die Ernte zu einer anderen Zeit geschehen könnte, als es geschieht. Herauf bis zu dem Tierleben zeigt sich Ihnen alles abhängig vom rhythmischen Sonnengang. Selbst beim Menschen ist alles rhythmisch, regelmäßig und harmonisch, insofern es nicht den menschlichen Leidenschaften, Instinkten oder gar dem menschlichen Verstande unterworfen ist. Beachten Sie den Puls, den Gang der Verdauung, und bewundern Sie den großen Rhythmus und fühlen Sie die große, unendliche Weisheit, die durch die ganze Natur flutet, und vergleichen Sie dann damit das Unregelmäßige, das Chaotische, das in den menschlichen Leidenschaften, Trieben und Begierden und namentlich im menschlichen Verstande und Denken waltet. Versuchen Sie einmal, an Ihrem Geiste vorbeiziehen zu lassen das Regelmäßige Ihres Pulses und Ihres Atems, und vergleichen Sie es mit der Unregelmäßigkeit des Denkens, Fühlens und Wollens. Es ist ein Irrlichtelieren.

Stellen Sie sich dagegen vor, wie die Lebensmächte weisheitsvoll eingerichtet sind, wie das Rhythmische über dem Chaotischen zu bestehen hat. Was verbricht nicht alles menschliche Leidenschaft und Genußsucht am Rhythmus des menschlichen Leibes! Öfters habe ich es hier schon erwähnt, wie wunderbar es für den ist, der durch die anatomische Wissenschaft das Herz, dieses wunderbar eingerichtete Organ des Menschenkörpers, kennenlernt und sich dann sagen muß, was es auszuhalten hat dadurch, daß der Mensch durch den Genuß von Tee, Kaffee und so weiter auf den rhythmischen, harmonischen Schlag des Herzens einwirkt. So ist es mit der ganzen rhythmischen, göttlichen, weisheitsvollen Natur, die von unseren Altvordern bewundert worden ist, deren Seele die Sonne mit ihrem regelmäßigen Gang ist.

Indem die Weisen und ihre Anhänger zur Sonne hinaufblickten, sagten sie sich: Du bist das Bild dessen, was diese Seele, die mit dir geboren ist, noch nicht ist, was sie aber werden soll. – Die göttliche Weltenordnung eröffnete sich für diese Weisen in ihrer ganzen Glorie. Das spricht auch die christliche Weltanschauung aus, indem sie ausspricht, daß die Glorie sein soll in den göttlichen Höhen. Das Wort «Glorie» heißt Offenbarung, nicht Ehre. Man sollte nicht sagen: Ehre sei Gott in der Höhe –, sondern: Heute ist die Offenbarung des Gottes in den Himmeln. – Das ergibt die Wahrheit des Satzes. Und in diesem Satze kann man voll empfinden die die Welt durchflutende Glorie. In den früheren Zeiten empfand man das so, daß man diese Weltenharmonie als großes Ideal hinstellte für den, der Führer sein sollte für die übrige Menschheit. Deshalb sprach man zu allen Zeiten und überall da, wo man ein Bewußtsein von diesen Dingen hatte, von dem «Sonnenhelden».

In den Tempelstätten, wo die Einweihung vollzogen wurde, da unterschied man sieben Einweihungsgrade. Ich werde ihnen dieselben mit den persischen Namen vorführen. Der erste Grad ist derjenige, wo der Mensch hinausging über das alltägliche Fühlen, dann zu einem höheren seelischen Empfinden und zur Erkenntnis des Geistes kam.

Ein solcher Mensch wurde bezeichnet als «Rabe». Daher sind die Raben diejenigen, welche den Eingeweihten in den Tempeln das, was draußen in der Welt vorgeht, verkündigen. Als die mittelalterliche Weisheitsdichtung in der Person eines mittelalterlichen Herrschers einen Eingeweihten hinstellen wollte, der im Inneren der Erde, bei den Weisheitsschätzen der Erde auf jenen großen Augenblick warten sollte, wo das Christentum, neu vertieft, die Menschheit verjüngen soll, als diese mittelalterliche Weisheitsdichtung die Gestalt des Barbarossa ausbildete, da ließ sie wieder die Raben die Verkündiger sein. Selbst das Alte Testament spricht von den Raben bei Elias.

Die im zweiten Grade Eingeweihten sind die «Okkulten». Die im dritten Grade Eingeweihten sind die «Streiter», die im vierten Grade sind die «Löwen». Die im fünften Grade sind mit dem Namen ihres eigenen Volkes: «Perser» oder «Inder» und so weiter bezeichnet, denn erst der im fünften Grade Eingeweihte ist der wahre Repräsentant seines Volkes. Der im sechsten Grade Eingeweihte hieß «Sonnenheld» oder «Sonnenläufer». Der im siebenten Grade Eingeweihte hatte den Namen «Vater».

Warum hieß nun der im sechsten Grade Eingeweihte Sonnenheld? Wer so hoch hinaufgestiegen war auf der Leiter der geistigen Erkenntnis, der mußte im Inneren wenigstens ein solches Leben ausgebildet haben, daß dieses innere Leben nach dem Muster des göttlichen Rhythmus im ganzen Weltenall verlief. Er mußte so empfinden, so fühlen, so denken, daß nichts von Chaos, nichts Unrhythmisches, nichts Unharmonisches bei ihm mehr vorhanden war, sondern daß er von einer mit der äußeren Sonnenharmonie zusammenstimmenden inneren Seelenharmonie erfüllt war. Das war die Forderung, die man an diesen im sechsten Grade Eingeweihten stellte. Als heilige Menschen, als Muster, als Ideale stellte man sie hin. und man sagte von ihnen: So groß das Unglück wäre für das Universum, wenn es möglich wäre, daß die Sonne eine Viertelminute abirrte von ihrer Bahn, ein ebenso großes Unglück würde es sein, wenn es für einen Sonnenhelden möglich wäre, von der Bahn der großen Sittlichkeit, von der Bahn des Seelenrhythmus, von der Geistesharmonie auch nur einen Augenblick abzuweichen. – Wer in seinem Geiste eine so sichere Bahn gefunden hatte wie die Sonne draußen im Universum, den nannte man einen Sonnenhelden. Und solche Sonnenhelden hatten alle Völker.

Unsere Gelehrten wissen so wenig von diesen Dingen. Zwar fällt es ihnen auf, daß sich Sonnenmythen um die Leben aller großen Religionsstifter herumkristallisierten. Sie wissen aber nicht, daß man bei den Einweihungszeremonien die führenden Helden zu Sonnenhelden zu machen pflegte, und daß es dann gar nicht wunderbar ist, wenn das, was die Alten hineinzulegen sich bemühten, von der materialistischen Forschung wieder herausgefunden wird. Bei Buddha und selbst bei Christus hat man solche Sonnenmythen gesucht und gefunden. Hier haben Sie den Grund, warum man diese bei ihnen finden konnte. Sie sind zuerst in sie hineingelegt worden, so daß sie einen unmittelbaren Abdruck des Sonnenrhythmus darstellten. Diese Sonnenhelden waren dann das große Muster, dem man nachleben sollte.

Was dachte man sich, was in der Seele eines solchen Helden geschah, der eine solche innere Harmonie gefunden hatte? – Das stellte man sich vor, daß nun nicht mehr nur eine einzelne individuelle Menschenseele in ihm lebt, sondern daß in einem solchen etwas aufgegangen war von der universellen Seele, die das ganze Universum durchflutet. Diese Universalseele, die das ganze Universum durchflutet, nannte man in Griechenland Chrestòs, und sie ist bei den erhabensten Weisen im Orient als die Buddhi bekannt. Wenn der Mensch aufgehört hat, sich nur zu fühlen als der Träger seiner individuellen Seele und etwas in sich erlebt von dem Universellen, dann hat er in sich selbst ein Abbild geschaffen dessen, was sich damals als Sonnenseele mit dem Menschenleibe verband; dann hat er etwas ungeheuer Bedeutungsvolles auf der Bahn der Menschheit erreicht.

Betrachten wir einmal diesen Menschen mit einer so veredelten Seele, dann werden wir die Zukunft des Menschengeschlechtes und die ganze Beziehung dieser Menschenzukunft zu der Idee, der Vorstellung der Menschheit überhaupt, vor uns hinstellen können. So wie die Menschheit heute vor uns steht, kann man es sich nicht anders vorstellen, als daß gewisse Dinge dadurch entschieden werden, daß die Menschen sozusagen in Streit und Hader durch eine Art Majorität, durch einen Mehrheitsbeschluß, eine Entscheidung herbeiführen. Da, wo man noch solche Mehrheitsbeschlüsse als etwas wirklich Ideales ansieht, da hat man noch nicht begriffen, was wirklich Wahrheit ist. Wo lebt in uns schon wirkliche Wahrheit? Wahrheit lebt in uns da, wo wir uns anheischig machen, logisch zu denken. Oder wäre es nicht Unsinn, durch Mehrheitsbeschluß zu entscheiden, ob zwei mal zwei gleich vier oder drei mal vier gleich zwölf ist? Wenn der Mensch einmal erkannt hat, was wahr ist, dann mögen Millionen kommen und sagen, es sei anders, er wird doch in sich selbst seine Sicherheit haben.

So weit sind wir in bezug auf das wissenschaftliche Denken, in bezug auf dasjenige Denken, das nicht mehr berührt ist von menschlichen Leidenschaften, Trieben und Instinkten. Überall da, wo Leidenschaften, Triebe und Instinkte mitwirken, befinden sich die Menschen noch in Streit und Hader, in wirrem Durcheinander, wie das Trieb- und Instinktleben überhaupt ein wildes Chaos bildet. Wenn aber einst die Triebe, Instinkte und Leidenschaften geläutert, rein und ideal zu dem geworden sind, was man die Buddhi, was man den Chrestòs nennt, wenn sie ausgebildet sind bis zu jener Höhe, auf der heute das logische, leidenschaftslose Denken steht, dann wird das erreicht sein, was uns in den alten Weisheitsreligionen, im Christentum, in der anthroposophischen Geisteswissenschaft als das eigentliche Menschheitsideal entgegenleuchtet. Wenn unser Denken und Fühlen so geläutert ist, daß das, was einer fühlt, harmonisch zusammenklingt mit dem, was andere fühlen, wenn auf dieser Menschenerde für das Gefühl und die Empfindung dieselbe Epoche gekommen sein wird, wie sie gekommen ist für den uniformierenden Verstand, wenn Buddhi auf dieser Erde, der Chrestòs, verkörpert sein wird im Menschengeschlecht, dann wird das Ideal der alten Weisheitslehrer, des Christentums, der Anthroposophie erfüllt sein. Dann wird man ebensowenig abzustimmen brauchen über dasjenige, was man für gut und edel und richtig hält, wie man über das abzustimmen braucht, was man für logisch richtig und logisch falsch erkannt hat. Dieses Ideal kann jeder vor seine Seele hinstellen, und wenn er das tut, dann hat er das Ideal des Sonnenhelden vor sich, dasselbe, was alle Geheimlehrer, die im sechsten Grad eingeweiht sind, auch haben.

Selbst unsere deutschen Mystiker im Mittelalter fühlten das, indem sie ein Wort mit einer tiefen Bedeutung aussprachen, das Wort Vergottung oder Vergöttlichung. Dieses Wort gab es in allen Weisheitsreligionen. Was bedeutet das? Es bedeutet das Folgende: Einstmals waren diejenigen, die wir heute als die Geister des Universums ansehen, auch durchgegangen durch eine Stufe, auf der die Menschheit heute steht, durch das Chaotische. Und durchgerungen haben sich diese führenden Geister des Universums bis zu ihrer göttlichen Stufe, wo ihre Lebensäußerungen harmonisch das All durchklingen. Was uns heute als harmonischer Gang der Sonne im Jahreslauf, beim Wachsen der Pflanzen, im Leben der Tiere erscheint, war einst chaotisch und hat sich erst zu dieser großen Harmonie durchgerungen. Wo diese Geister einst standen, steht heute der Mensch. Er wird sich aus seinem Chaos zu einer Zukunftsharmonie entwickeln, die nachgebildet sein wird der heutigen Sonne, der heutigen universellen Harmonie.

Dieses nicht als Theorie, nicht als Lehre, sondern als lebendige Empfindung in unsere Seele gesenkt, das gibt die anthroposophische Weihnachtsempfindung. Empfinden wir es so recht, daß die Glorie, die Offenbarung der göttlichen Harmonie, in den Höhen der Himmel erscheint, und wissen wir, daß die Offenbarung dieser Harmonie einstmals aus unserer eigenen Seele erklingen wird, dann empfinden wir das andere, was eintreten wird innerhalb der Menschheit durch diese Harmonie, dann empfinden wir den Frieden derjenigen, die eines guten Willens sind. So schließen sich die zwei Gefühle als Weihnachtsgefühle aneinander. Wenn wir unter dieser großen Perspektive hineinblicken in die göttliche Weltenordnung, in die Offenbarung, in ihre Glorie in den Himmelshöhen, und hinausblicken in die menschliche Zukunft, so können wir heute schon vorfühlen jene Harmonie, welche in der Zukunft auf der Erde Platz greifen wird in den Menschen, die das Gefühl und die Empfindung dafür haben. Je mehr sich in uns senkt, was wir draußen in der Welt als die Harmonie fühlen, desto mehr Friede und Einklang wird auf dieser Erde sein.

So stellt sich das große Ideal des Friedens als eine Naturempfindung höchster Art vor unsere Seele hin, wenn wir in den Weihnachtstagen den Gang der Sonne in der Natur in der richtigen Weise fühlen und empfinden. Wenn wir den Sieg des Sonnenlichtes über die Finsternis in diesen Tagen nachfühlen, dann schöpfen wir daraus die große Zuversicht, das große Vertrauen, das unsere eigene sich entwickelnde Seele mit dieser Weltenharmonie verbindet, dann werden wir nicht umsonst das, was in dieser Weltenharmonie lebt, in unsere Seele einfließen lassen. Dann flutet, dann lebt in uns etwas, was harmonisch ist, dann senkt sich in die Seele der Same, der Friede auf diese Erde bringt, im Sinne des Friedens der Religionen. Diejenigen sind eines guten Willens, die solchen Frieden empfinden, einen solchen Frieden, wie er über die Erde kommt, wenn jene höhere Stufe der Eintracht für das Gefühl und das Gemüt erreicht sein wird, die heute allein für den uniformierenden Verstand erreicht ist. Dann wird an die Stelle des Streites, der Zwietracht, die alles durchflutende Liebe getreten sein, von der Goethe in demselben Hymnus, den ich angeführt habe, sagt, daß wir durch ein paar Züge aus diesem Becher der Liebe für ein Leben voll Mühe schadlos gehalten werden.

Deshalb ist dieses Weihnachtsfest ein Fest der Zuversicht, ein Fest des Vertrauens und der Hoffnung in allen Weisheitsreligionen gewesen, weil wir in diesen Tagen empfinden, daß das Licht siegen muß. Das Samenkorn, hineingelegt in die Erde, wird etwas aus sich heraussprießen lassen, was das Licht sucht und wieder im Lichte des neuerstehenden Jahres gedeihen muß. Ebenso wie das Samenkorn der Pflanze hinuntergesenkt ist in die Erde und heranreift im Lichte der Sonne, so ist die göttliche Wahrheit, die göttliche und wahrhaftige Seele hinuntergesenkt in die Tiefe des Leidenschafts- und Instinktlebens. Da unten in der Finsternis soll sie reifen, die göttliche Sonnenseele. Und so wahr das Samenkorn in der Erde reift, und so wahr dem Samenkorn in der Erde durch den Sieg des Lichtes über die Finsternis dieses Reifen möglich gemacht wird, so wahr wird durch den fortlaufenden Sieg des Lichtes über die Finsternis der Seele dem Licht der Seele der Sieg ermöglicht. Und so wahr, wie in der Finsternis nur Streit und im Lichte nur Friede sein kann, so wahr wird mit dem richtigen Verständnis die Weltenharmonie, der Weltenfriede eintreten. Das ist das tiefe, das wahre Wort auch des Christentums: Gloria in diesen Tagen, Offenbarung in diesen Tagen der göttlichen Mächte in der Höhe, in den Himmeln, und Friede den Menschen, die eines guten Willens sind.

Aus dieser großen Weltenempfindung heraus hat auch im 4. Jahrhundert die christliche Kirche sich entschlossen, das Geburtsfest des Weltenheilandes in dieselben Tage zu verlegen, an denen bei allen großen Weisheitsreligionen der Sieg des Lichtes über die Finsternis gefeiert worden ist. Bis zum 4. Jahrhundert war das Weihnachtsfest, das Geburtsfest Christi, vollständig veränderlich. Erst im 4. Jahrhundert hat man sich entschlossen, den Christenheiland an dem Tage geboren werden zu lassen, an dem dieser Sieg des Lichtes über die Finsternis immer gefeiert worden ist.

Wir können uns heute nicht mit den Weisheitslehren des Christentums selbst befassen, die Gegenstand eines Vortrages im nächsten Jahre sein werden. Aber das eine soll und muß schon heute gesagt werden, daß nichts Richtigeres geschehen konnte, als das Geburtsfest derjenigen göttlichen Individualität in diese Zeit zu verlegen, die für den Christen die Gewähr, die Zuversicht bietet, daß seine Seele, seine Göttlichkeit den Sieg davontragen wird über alles dasjenige, was Finsternis ist in seiner bloß äußerlichen Welt.

So ist das Christentum im Einklang mit allen großen Weltreligionen. Und wenn die christlichen Weihnachtsglocken erklingen, dann mag sich wohl der Mensch erinnern, daß in diesen Tagen dieses Fest in aller Welt begangen wurde. Überall da wurde es begangen, wo man den wahren großen Fortschritt der Menschenseele auf diesem Erdenrund verstanden hat, da, wo man etwas davon wußte, was Geist und geistiges Leben bedeutet, da, wo man im praktischen Sinne Selbsterkenntnis zu üben versuchte.

Nicht eine unbestimmte, nicht eine abstrakte Naturempfindung ist das, wovon wir heute gesprochen haben, sondern ein Naturempfinden in aller lebendigen Geistigkeit. Wenn wir anknüpfen an das Wort Goethes: «Natur, wir sind von ihr umgeben und umschlungen» und so weiter, so dürfen wir uns klar darüber sein, daß wir die Natur nicht im materialistischen Sinne deuten, sondern daß wir in ihr den äußeren Ausdruck und die Physiognomie des göttlichen Weltengeistes sehen. Und wie das Körperliche aus dem Körperlichen, das Seelische und Geistige aus dem Göttlich-Seelischen und Göttlich-Geistigen geboren ist, und wie das Körperliche, das Leibliche sich verbindet mit bloß materiellen Kräften, so verbindet sich das Seelische mit dem Geistigen.

Dieses im Zusammenhang mit dem ganzen Universum zu erfühlen und zu empfinden, unsere Erkenntnis, unser Denken dazu zu gebrauchen, sich nicht in unbestimmter, sondern in allerbestimmtester Weise eins zu fühlen mit dem ganzen Universum, dazu sind die großen Feste als Wahrzeichen für die Menschheit da. Und wenn man davon wieder etwas empfindet, dann werden diese Feste wieder etwas anderes sein, als sie heute sind, dann werden sie sich wieder lebendig einpflanzen in Seele und Herz, dann werden sie uns dasjenige sein, was sie uns wirklich sein sollen: Knotenpunkte des Jahres, die uns verknüpfen mit dem Geiste des Alls.

Wenn wir das ganze Jahr hindurch unsere Pflichten, unsere Aufgaben für das alltägliche Leben erfüllt haben, an diesen Punkten des Jahres blicken wir hin zu dem, was uns mit dem Ewigen verbindet. Und wenn wir auch wissen, daß wir uns manches erkämpfen mußten im Laufe des Jahres – an diesen Tagen bekommen wir ein Gefühl davon, daß es über allem Kampf und über allem Chaos einen Frieden und eine Harmonie gibt. Deshalb sind diese Feste Feste der großen Ideale; und das Weihnachtsfest ist das Geburtsfest des größten Ideales der Menschheit, des Ideales, das die Menschheit erringen muß, wenn sie ihre Bestimmung überhaupt erreichen will. Das Geburtsfest dessen, was der Mensch empfinden, fühlen und wollen kann, das ist das Weihnachtsfest, wenn es richtig verstanden wird.

Die anthroposophische Geisteswissenschaft will dazu beitragen, daß dieses Fest wieder so verstanden wird. Nicht ein Dogma, nicht eine bloße Lehre oder eine Philosophie wollen wir in die Welt hineinsenden, sondern Leben. Das ist unser Ideal, daß alles das, was wir sagen und lehren, was in unseren Schriften, in unserer Wissenschaft enthalten ist, ins Leben übergeht. Es wird ins Leben überfließen, wenn der Mensch auch im Alltäglichen überall Geisteswissenschaft übt, so daß wir nicht mehr von Geisteswissenschaft zu sprechen brauchen, wenn von allen Kanzeln geisteswissenschaftliches Leben ertönt durch die Worte, die zu den Gläubigen gesprochen werden, ohne daß dabei das Wort Theosophie oder Geisteswissenschaft ausgesprochen wird. Wenn in allen Gerichtsstätten mit geisteswissenschaftlichem Empfinden auf die Taten der Menschen gesehen wird, wenn am Krankenbette der Arzt geisteswissenschaftlich empfindet und heilt, wenn in der Schule der Lehrer Geisteswissenschaft für das heranwachsende Kind entwickelt, wenn auf allen Straßen geisteswissenschaftlich gedacht, gefühlt und gehandelt wird, so daß die geisteswissenschaftliche Lehre überflüssig geworden ist – dann ist unser Ideal erreicht, dann wird Geisteswissenschaft eine Alltäglichkeit sein. Dann wird aber auch Geisteswissenschaft in den großen festlichen Wendepunkten des Jahres sein, und es wird der Mensch sein Alltägliches anknüpfen an das Geistige durch das geisteswissenschaftliche Denken, Fühlen und Wollen. So wird er andererseits das Ewige und Unvergängliche, die Geistessonne hineinleuchten lassen in seine Seele an den großen Festtagen, die ihn erinnern werden, daß in ihm ein Wahres, ein höheres Selbst, ein Göttliches, ein Sonnenhaftes, ein Lichtvolles ist, das immerdar siegen wird über alles Dunkel, über alles Chaos, welches einen Seelenfrieden gibt, der immer ausgleichend wirken wird gegenüber allem Kampf, allem Krieg und allem Unfrieden in der Welt.

ZEICHEN UND SYMBOLE DES WEIHNACHTSFESTES

Berlin, 17. Dezember 1906

Das Weihnachtsfest, das zu begehen wir uns jetzt anschicken, bekommt durch die anthroposophische Weltanschauung wieder eine tiefe Bedeutung und ein neues geistiges Leben. Im geistigen Sinne ist das Weihnachtsfest ein Sonnenfest, und als Sonnenfest wollen wir es heute kennenlernen. Zum Beginne wollen wir die schönste Apostrophe an die Sonne anhören, diejenige, welche *Goethe* seinem Faust in den Mund legt:

Des Lebens Pulse schlagen frisch lebendig,
Ätherische Dämmerung milde zu begrüßen;
Du, Erde, warst auch diese Nacht beständig
Und atmest neu erquickt zu meinen Füßen,
Beginnest schon mit Lust mich zu umgeben,
Du regst und rührst ein kräftiges Beschließen,
Zum höchsten Dasein immerfort zu streben. –

In Dämmerschein liegt schon die Welt erschlossen,
Der Wald ertönt von tausendstimmigem Leben;
Talaus, talein ist Nebelstreif ergossen,
Doch senkt sich Himmelsklarheit in die Tiefen,
Und Zweig und Äste, frisch erquickt, entsprossen
Dem duftgen Abgrund, wo versenkt sie schliefen;
Auch Farb an Farbe klärt sich los vom Grunde,
Wo Blum und Blatt von Zitterperle triefen,
Ein Paradies wird um mich her die Runde.

Hinaufgeschaut! – Der Berge Gipfelriesen
Verkünden schon die feierlichste Stunde;
Sie dürfen früh des ewigen Lichts genießen,
Das später sich zu uns hernieder wendet.

Jetzt zu der Alpe grüngesenkten Wiesen
Wird neuer Glanz und Deutlichkeit gespendet,
Und stufenweis herab ist es gelungen; –
Sie tritt hervor! – und, leider schon geblendet,
Kehr ich mich weg, vom Augenschmerz durchdrungen.

So ist es also, wenn ein sehnend Hoffen
Dem höchsten Wunsch sich traulich zugerungen,
Erfüllungspforten findet flügeloffen;
Nun aber bricht aus jenen ewigen Gründen
Ein Flammenübermaß, wir stehn betroffen:
Des Lebens Fackel wollten wir entzünden,
Ein Feuermeer umschlingt uns, welch ein Feuer!
Its's Lieb? ist's Haß? die glühend uns umwinden,
Mit Schmerz und Freuden wechselnd ungeheuer,
So daß wir wieder nach der Erde blicken,
Zu bergen uns in jugendlichstem Schleier.

So bleibe denn die Sonne mir im Rücken!
Der Wassersturz, das Felsenriff durchbrausend,
Ihn schau ich an mit wachsendem Entzücken.
Von Sturz zu Sturzen wälzt er jetzt in tausend,
Dann abertausend Strömen sich ergießend,
Hoch in die Lüfte Schaum an Schäume sausend.
Allein wie herrlich, diesem Sturm ersprießend,
Wölbt sich des bunten Bogens Wechseldauer,
Bald rein gezeichnet, bald in Luft zerfließend,
Umher verbreitend duftig kühle Schauer!
Der spiegelt ab das menschliche Bestreben.
Ihm sinne nach, und du begreifst genauer:
Am farbigen Abglanz haben wir das Leben.

Diese gewaltigen Worte legt Goethe seinem Repräsentanten der Menschheit in den Mund gegenüber der am Morgen heraufstrahlenden Sonne. Doch nicht um diese Sonne, die jeden Morgen neu erwacht, handelt es sich bei dem Fest, von dem heute die Rede sein soll. Wir wollen die Wesenheit der Sonne in viel tieferem Sinne auf uns wirken lassen. Und das, was diese Sonne sein soll, das soll das Leitmotiv zu unserer heutigen Betrachtung bilden.

Wir werden jetzt jene Worte hören, die den tiefsten Sinn des Weihnachtsmysteriums widerspiegeln. Diese Worte ertönten vor den andachtsvoll lauschenden Schülern der Mysterien aller Zeiten, bevor sie in die Mysterien selbst eintreten durften:

Die Sonne schaue
Um mitternächtige Stunde.
Mit Steinen baue
Im lebenlosen Grunde.

So finde im Niedergang
Und in des Todes Nacht
Der Schöpfung neuen Anfang,
Des Morgens junge Macht.

Die Höhen laß offenbaren
Der Götter ewiges Wort,
Die Tiefen sollen bewahren
Den friedensvollen Hort.

Im Dunkel lebend
Erschaffe eine Sonne.
Im Stoffe webend
Erkenne Geistes Wonne.

Viele, die heute nur noch den Weihnachtsbaum kennen mit seinen Lichtern, viele haben heute den Glauben, daß der Weihnachtsbaum eine aus alter Zeit überkommene Einrichtung sei. Doch das ist nicht der Fall. Der Weihnachtsbaum ist vielmehr eine der jüngsten europäischen Einrichtungen. Selbst der älteste Christbaum ist kaum älter als hundert Jahre. Doch so jung der Baum ist, so alt ist die Weihnachtsfeier.

Die Weihnachtsfeier ist ein Fest, das in den ältesten Mysterien aller Religionen allenthalben bekannt war, das immer gefeiert wurde. Es ist kein bloßes äußeres Sonnenfest, sondern es ist ein Fest, welches die Menschheit hinführt zu einer Anschauung oder wenigstens einer Ahnung von den Quellen des Daseins. Es ist ein Fest, das begangen wurde alljährlich, wenn die Sonne ihre geringste Kraft der Erde zusandte, ihre geringste Wärme spendete, von den höchststehenden Eingeweihten in den Mysterien. Aber auch von denjenigen wurde es gefeiert, die noch nicht teilnehmen konnten an der ganzen Feier, die nur den äußeren bildlichen Ausdruck erleben durften von den höchsten Mysterien. Und diese Mysteriengeheimnisse haben sich durch alle Zeiten hindurch erhalten und haben Gewand angenommen bei allen Völkern, je nach den verschiedenen Glaubensbekenntnissen. Weihnachtsfeier heißt das Fest der Weihe-Nacht, dieser Weihe-Nacht, die begangen wurde in den großen Mysterien. Das sind diejenigen Veranstaltungen gewesen, wo der Initiator in solchen Persönlichkeiten, die dazu genügend vorbereitet waren, den höheren Menschen im Inneren auferstehen ließ; oder, wenn wir ein heutiges Wort gebrauchen wollen: in denen der lebendige Christus im Inneren geboren wurde.

Nur diejenigen, die nichts davon wissen, daß neben den chemischen und physikalischen Kräften auch geistige wirken, und daß ebenso wie die chemischen und physikalischen Kräfte in ihrem Wirken ihre bestimmten Zeiten im Kosmos haben, so auch die geistigen – nur diese können glauben, daß es gleichgültig sei, wann die Erweckung des höheren Selbstes stattfinde. Die großen Mysterien bestanden darin, daß der Mensch jenes Ereignis erlebte, wo er die wirkenden Kräfte in farbigem Glanze, in hellem Lichte erblicken durfte, wo er die Welt um sich her sehen durfte angefüllt mit geistigen Eigenschaften, mit geistigen Wesenheiten, wo er schauen durfte die Geisterwelt um sich herum, wo er erlebte das Größte, das ein Mensch erleben kann. Für alle, alle wird dieser Zeitpunkt einmal kommen! Alle werden ihn einmal erleben, wenn auch vielleicht erst nach vielen Verkörperungen, aber der Augenblick wird kommen für alle, wo der Christus in ihnen auferstehen wird, wo neues Sehen, neues Hören in ihnen erwachen wird.

Diejenigen, die als Mysterienschüler vorbereitet wurden für die Erweckung, wurden zunächst belehrt, was diese Erweckung im großen Weltenall bedeutet; dann erst wurden die letzten Handlungen zur Erweckung vorgenommen. Diese Handlungen wurden vorgenommen dann, wenn die Finsternis am größten ist, wenn die äußere Sonne am tiefsten steht: zur Weihnachtszeit, weil diejenigen, welche die geistigen Tatsachen kennen, wissen, daß zu diesem Zeitpunkt durch den Weltenraum Kräfte ziehen, die solcher Erweckung günstig sind. In der Vorbereitung wurde dem Schüler gesagt, daß der, welcher wirklich wissen will, nicht nur das wissen darf, was sich seit Jahrtausenden auf dem Erdenrund zugetragen hat, sondern daß er den ganzen Gang der Menschheit überblicken lernen muß. Und wissen muß er auch, daß die großen Feste in den Jahreslauf von den führenden Individualitäten eingeordnet sind, und daß sie gewidmet sein müssen der Aufschau zu den ewigen großen Wahrheiten.

Über Millionen von Jahren wurde bei solcher Gelegenheit der Blick geleitet. Schaue hin auf jenen Zeitpunkt, wurde dem Schüler gesagt, wo unsere Erde noch nicht so war wie jetzt, wo es noch keine Sonne, keinen Mond gab, sondern beide noch vereinigt waren mit der Erde, wo die Erde noch einen Körper bildete mit der Sonne und mit dem Monde. – Auch damals war der Mensch schon da, doch hatte er noch keinen Körper; er war ein geistiges Wesen, und auf diesen geistig-seelischen Menschen schien nicht von außen ein Sonnenlicht. Das Sonnenlicht war in der Erde selbst. Es war kein solches wie das heutige Sonnenlicht, das von außen auf die Wesen und Dinge fällt, sondern es war ein solches, das geistige Kraft in sich hatte, das zu gleicher Zeit im Inneren eines jeglichen Menschen erglänzte. Dann kam der Zeitpunkt, wo die Sonne sich heraushob aus der Erde; sie trennte sich von ihr, und ihr Licht fiel von außen auf die Erde herab. Die Sonne hatte sich zurückgezogen von der Erde; im Inneren des Menschen war es jetzt finster geworden. Das war der Beginn seiner Entwickelung zu jenem Zukunftszeitpunkt hin, wo er das innere Licht leuchtend wiederfinden soll im Inneren. Der Mensch mußte mit seinen äußeren Sinnen die Dinge der Erde erkennen lernen. Er entwickelt sich dahin, wo im Inneren wieder glüht und leuchtet der höhere Mensch, der Geistesmensch.

Vom Lichte durch die Finsternis zum Lichte – das ist der Gang der Entwickelung der Menschheit.

Nachdem die Schüler so vorbereitet worden waren, führte man sie zur Erweckung an jenem Zeitpunkte, an dem sie als eine auserlesene Schar im Inneren das erleben sollten, was die übrige Menschheit erst in ferner Zukunft erleben soll: wo sie das geistige Licht durch die geöffneten geistigen Augen erblickten. Dieser heilige Augenblick sollte dann sein, wenn das äußere Licht am schwächsten war, an dem Tage, wo die äußere Sonne am wenigsten scheint. Dann, an diesem Tage, wurden die Schüler der Mysterien vereinigt, und das innere Licht eröffnete sich ihnen. Und diejenigen, die noch nicht teilnehmen konnten an dieser Feier, sollten wenigstens ein äußeres Abbild erleben, das ihnen sagen sollte: Auch für euch wird der große Zeitpunkt kommen. Heute seht ihr ein Abbild. Später werdet ihr erleben, was ihr jetzt im Bilde seht.

Das waren die kleinen Mysterien. Die zeigten im Abbilde, was der Einzuweihende später erleben sollte. Und das wollen wir heute miterleben, was in den kleinen Mysterien um die mitternächtige Stunde sich zutrug. Es war dasselbe allenthalben: in den ägyptischen Mysterien, in den Eleusinischen Mysterien, in den Mysterien Vorderasiens, in den babylonisch-chaldäischen ebensowohl als in den Mysterien des persischen Mithrasdienstes und den indischen Brahmamysterien. Überall erlebten die Schüler dieser Mysterienschulen dasselbe um die mitternächtige Stunde der Weihe-Nacht.

Schon zeitig am Vorabend versammelten sie sich. In stillem Denken mußten sie sich klarmachen, was dies wichtigste Ereignis bedeute. Sie saßen in tiefem Schweigen im Dunkeln beieinander versammelt. Wenn dann die Mitternacht herankam, hatten sie schon stundenlang so gesessen im dunklen Raume. Gedanken der Ewigkeit durchzogen ihr Inneres. Dann, gegen Mitternacht, erhoben sich geheimnisvolle Töne; sie durchfluteten den Raum, im Anschwellen und Abschwellen. Die Schüler, die diese Töne hörten, wußten: Das ist die Sphärenmusik. – Tiefe, weihevolle Andacht erfüllte ihre Herzen. Dann wurde es schwach hell. Das Licht ging aus von einer schwach erhellten Scheibe. Diejenigen, die das sahen, wußten, daß diese Scheibe die Erde vorstelle.

Die erhellte Scheibe wird dann dunkler und dunkler, bis sie zuletzt ganz schwarz ist. Zugleich wurde es im Raum ringsum heller. Diejenigen, die das sahen, wußten, daß das schwarze Rund die Erde darstelle. Die Sonne, die aber sonst die Erde durchleuchtet, ist verhüllt; die Erde kann die Sonne nicht mehr sehen. Dann bildete sich um die Erdscheibe, nach außen verlaufend, Kreis um Kreis in Regenbogenfarben. Diejenigen, die das sahen, wußten: das ist die Iris. – Dann erhob sich um Mitternacht allmählich, anstelle des schwarzen Erdkreises, ein violett-rötlich leuchtender Kreis. Auf dem stand ein Wort. Dies Wort war verschieden, je nach den Völkern, deren Glieder dies Mysterium erleben durften. In unserer heutigen Sprache würde das Wort lauten: Christòs. Diejenigen, die das sahen, wußten: das ist die Sonne. Sie erschien ihnen in der mitternächtigen Stunde, wenn die Welt ringsum im tiefsten Dunkel ruht. Den Schülern wurde klargemacht, daß sie jetzt in Bildern erlebt hätten das, was man in den Mysterien nennt: die Sonne um Mitternacht schauen.

Derjenige, der wirklich eingeweiht ist, lernt die Sonne um Mitternacht wahrhaftig schauen, denn in ihm ist das Materielle ausgelöscht. Nur die Sonne des Geistes lebt in seinem Inneren und überstrahlt alle Dunkelheit der Materie. Seligster Moment ist dieser Moment in der Menschheitsentwickelung, wo der Mensch erlebt, daß er losgelöst von der Dunkelheit in ewigem Lichte lebt. Und dieser Moment wurde im Bilde also dargestellt in den Mysterien, Jahr für Jahr, um die mitternächtige Stunde in der Weihe-Nacht. Dieses Bild stellte dar, daß es neben der physischen Sonne eine Geistessonne gibt, die ebenso wie die physische Sonne aus dem Dunkel, aus der Finsternis heraus geboren werden muß. Um den Schülern das noch klarer zu machen, wurden sie, nachdem sie den Aufgang der Sonne, des Christòs, erlebt hatten, in eine Höhle geführt, in der scheinbar nichts vorhanden war als Stein, erstorbene, leblose Materie. Dort sahen sie aus den Steinen Ähren erstehen, als Zeichen des Lebens, als symbolische Andeutung, daß aus dem scheinbaren Tode das Leben ersteht, daß geboren wird in totem Gestein das Leben. Es wurde ihnen dann gesagt: So wie die Sonnenkraft von diesem Tage an, nachdem sie scheinbar erstorben war, neu erwächst, so erhebt sich immerdar aus dem ersterbenden Leben das neue.

Es ist dasselbe Ereignis, das im Johannes-Evangelium angedeutet wird in den Worten: «Er muß zunehmen, ich aber muß abnehmen!» Der Johannes, der Vorherverkündiger des kommenden Christus, des geistigen Lichtes, dessen Höhetag im Jahreslauf in die Mitte des Sommers fällt, dieser Johannes muß abnehmen, und in seinem Abnehmen wächst zugleich die Kraft des kommenden Lichtes, die immer stärker und stärker wird, je mehr der Johannes abnimmt. So bereitet sich das neue, das kommende Leben vor im Samenkorn, das verfaulen und vergehen muß, um die neue Pflanze erstehen zu lassen. – Das sollten die Schüler empfinden: daß im Tode das Leben ruht, daß aus dem Faulen, Verwesenden heraus die neuen herrlichen Blüten und Früchte erstehen, daß die Erde voll ist von Geburtskraft. Sie sollten glauben lernen, daß in diesem Zeitpunkt im Inneren der Erde etwas vor sich geht: die Überwindung des Todes durch das Leben. Das Leben, das im Tode vorhanden ist, das wurde ihnen gezeigt im überwindenden Lichte. Das empfanden, das erlebten sie, als sie im Dunkel das Licht erstehen, erstrahlen sahen. Nun schauten sie in der Steinhöhle das sprießende Leben, das aus dem scheinbar Toten in Pracht und Fülle ersteht.

So erzog man in den Schülern heran diesen Glauben an das Leben, so ließ man in ihnen ersprießen das, was der Glaube an das größte Menschenideal genannt werden darf. So lernten sie hinaufschauen zu diesem höchsten Menschheitsideal, zu jenem Zeitpunkt, wo die Erde ihre Entwickelung vollendet haben wird, wo das Licht in der ganzen Menschheit erstrahlen wird. Die Erde selbst wird dann in Staub zerfallen, aber eine geistige Essenz der Erde wird bleiben mit allen Menschen, die im Inneren durch das geistige Licht leuchtend geworden sind; und die Erde und die Menschheit werden dann erwachen zu einem höheren Dasein, zu einer neuen Daseinsphase.

Als das Christentum im Laufe der Entwickelung entstand, trug es in sich dieses Ideal im höchsten Sinne. Man empfand, daß der Chrestòs, als der unsterbliche Geist der Erde, als Träger nicht nur des materiellen, sprießenden Lebens, sondern als Träger der geistigen Wiedergeburt, als das große Ideal aller Menschen auftreten solle, daß er um die Weihnacht geboren ward, in der Zeit der größten Finsternis, als Zeichen, daß aus der Finsternis der Materie ein höherer Mensch in der

Menschenseele geboren werden kann. Bevor man von einem Christòs sprach, sprach man schon in den alten Mysterien von einem «Sonnenhelden»; man verband mit ihm dasselbe Ideal wie das Christentum mit dem Christòs. Sonnenheld wurde der Träger des Ideals genannt. Wie die Sonne ihren Gang im Laufe des Jahres vollendet, wie sie in ihrem Lichte zunimmt und abnimmt, wie ihre Wärme sich scheinbar der Erde entzieht und dann wieder von neuem erstrahlt, wie sie in ihrem Tode das Leben enthält und neu ausströmt, so ist der Sonnenheld durch die Kraft seines geistigen Lebens Herr geworden über Tod und Nacht und Finsternis.

In den persischen Mithrasmysterien unterschied man sieben Einweihungsgrade. Zuerst den Grad der «Raben», die nur bis zur Pforte des Einweihungstempels vordringen konnten. Sie werden die Vermittler zwischen der äußeren Welt des materiellen Lebens und der inneren Welt des geistigen Lebens; sie gehören nicht mehr der materiellen und noch nicht der geistigen Welt an. Diese Raben finden wir allenthalben wieder; sie spielen überall dieselbe Rolle als Boten, die hin und her gehen zwischen den zwei Welten und Kundschaften übermitteln. Auch in unseren deutschen Sagen und Mythen finden wir sie: die Raben des Wotan, die Raben, die um den Kyffhäuser fliegen. Der zweite Grad, der «Okkulte», führte den Jünger von der Pforte hinweg in das Innere des Einweihungstempels. Dort reifte er entgegen dem dritten Grade, dem des «Streiters», der hinaustrat vor die Welt, um die okkulten Wahrheiten, die er im Inneren des Tempels erleben durfte, zu verkünden. Den vierten Grad, den Grad des «Löwen», errang sich der Mensch, dessen Bewußtsein sich nicht auf einen einzelnen Menschen, sondern auf einen ganzen Stamm erstreckte. So wurde der Christus «der Löwe aus dem Stamme Juda» genannt. Im fünften Grade befindet sich der Mensch, dessen Bewußtsein sich noch mehr erweitert, der in seinem Bewußtsein ein ganzes Volk umfaßt. Dieser Mensch hatte keinen eigenen Namen mehr. Er wurde mit dem Namen des Volkes bezeichnet, dem er angehörte. Man redete so vom «Perser», vom «Israeliten». Wir verstehen so zum Beispiel, daß Nathanael ein «echter Israeliter» genannt wurde, weil er den fünften Grad der Einweihung erlangt hatte. Der sechste Grad war der Grad des «Sonnenhelden», und wir müssen uns klarmachen, was dieser Name bedeutet. Wir werden dann verstehen lernen, daß ein Schauer der Ehrfurcht durch die Seele eines Schülers der Mysterien gehen mußte, der etwas wußte von einem Sonnenhelden und der im Weihnachtsfeste das Geburtsfest eines Sonnenhelden erleben konnte.

Alles im Kosmos geht seinen rhythmischen Gang. Alle Gestirne ebenso wie die Sonne folgen einem großen Rhythmus. Würde die Sonne nur einen Moment diesen Rhythmus verlassen, nur einen Moment aus ihrer Bahn gehen, so würde das eine Revolution von ganz unerhörter Bedeutung im ganzen Weltall zur Folge haben. Der Rhythmus beherrscht die ganze Natur, die leblose bis zum Menschen hinauf. Er ist in der Pflanzenwelt da: das Veilchen, die Lilie blühen zur selben Zeit. Die Tiere haben ihre Brunstzeit zu bestimmten Zeiten des Jahres. Erst beim Menschen wird die Sache anders; der Rhythmus, der bis zum Tier hinauf durch den Gang der Jahreszeiten hindurch in den Kräften des Wachstums, der Fortpflanzung und so weiter herrscht – beim Menschen hört er auf.

Der Mensch soll eingebettet werden in Freiheit, und je höher zivilisiert der Mensch ist, um so mehr ist dieser Rhythmus im Abnehmen. Wie das Licht zur Weihnachtszeit verschwindet, so ist der Rhythmus schließlich scheinbar ganz aus dem Leben des Menschen verschwunden, ein Chaos herrscht. Dann soll aber der Mensch diesen Rhythmus aus eigener Initiative aus seinem Inneren heraus gebären. Er soll sein Leben aus eigenem Willen so gestalten, daß es in rhythmischen Grenzen abläuft. Fest und sicher wie der Lauf der Sonne sollen sich die Ereignisse seines Lebens abspielen in Regelmäßigkeit. Und ebenso, wie es undenkbar ist, daß der Lauf der Sonne sich ändere, ebenso undenkbar soll es sein, daß der Rhythmus eines solchen Lebens unterbrochen werden könne.

Im Sonnenhelden fand man die Verkörperung eines solchen Lebensrhythmus. Durch die Kraft des in ihm geborenen höheren Menschen gewann er die Kraft, den Rhythmus seines Lebenslaufes selbst zu beherrschen. Dieser Sonnenheld war auch der Christus Jesus für die ersten zwei Jahrhunderte. Daher wurde sein Geburtsfest verlegt in die Zeit, in der seit Urzeiten begangen wurde das Geburtsfest des Sonnenhelden. Daher auch alles, was mit der Lebensgeschichte des Christus Jesus verknüpft wurde, daher auch die mitternächtige Messe, welche die ersten Christen in Höhlen begingen in Erinnerung an das Sonnenfest. In dieser Messe leuchtete um die Mitternacht aus dem Finstern heraus ein Lichtmeer als Erinnerung an den Aufgang der Geistessonne in den Mysterien. Daher läßt die Erzählung den Jesus geboren werden in einem Stalle, als Erinnerung an die Steinhöhle, aus der heraus – in den erwachsenden Ähren, den Sinnbildern des Lebens – das Leben geboren wurde.

Wie das irdische Leben aus dem toten Gestein, so wurde herausgeboren aus dem Niederen das Höchste, der Christus Jesus. An sein Geburtsfest wurde geknüpft die Legende von den drei Priesterweisen, den drei Königen aus dem Morgenlande. Sie brachten dem Kinde Gold, das Symbol der äußeren, weisheitsvollen Macht, Myrrhen, das Symbol des Sieges des Lebens über den Tod, und endlich Weihrauch, das Symbol des Weltenäthers, in dem der Geist lebt.

So fühlen wir in dem Sinn des Weihnachtsfestes etwas herüberklingen aus den ältesten Zeiten der Menschheit. Und das ist zu uns herübergekommen in der besonderen Färbung des Christentums. In seinen Symbolen finden wir Sinnbilder für die ältesten Symbole der Menschheit. Auch der Lichterbaum ist ein solches Symbol. Er ist uns ein Sinnbild für den Paradiesesbaum. Dieser Paradiesesbaum stellt innerhalb des Paradieses das Belebende und Erkennende dar. Das Paradies selbst stellt dar die ganze umfassende materielle Natur. Die Darstellung der geistigen Natur ist der Baum inmitten derselben, der die Erkenntnis umschließt, und der Baum des Lebens. Errungen werden kann die Erkenntnis nur auf Kosten des Lebens.

Eine Erzählung gibt es, die den Sinn dessen gibt, was der Baum der Erkenntnis und der Baum des Lebens bedeuten: Seth stand vor dem Tore des Paradieses und begehrte Einlaß. Der Cherub, der den Eingang hütete, ließ ihn herein. Das will sagen, Seth wurde ein Eingeweihter. Als Seth nun im Paradiese war, fand er, daß der Baum des Lebens und der Baum der Erkenntnis fest ineinander verschlungen waren. Der Erzengel Michael, der vor Gott steht, erlaubte ihm, daß er drei Samenkörner nehmen dürfe von diesem verschlungenen Baume.

Dieser Baum steht da als prophetischer Hinweis auf die Zukunft der Menschheit: wenn die ganze Menschheit die Erkenntnis gefunden hat und eingeweiht sein wird, dann wird sie nicht nur den Baum der Erkenntnis in sich tragen, sondern auch den anderen Baum, den des Lebens. Der Tod wird dann nicht mehr sein. Vorläufig aber darf nur der Eingeweihte von diesem Baum die drei Samenkörner nehmen, diese drei Körner, die da bedeuten die drei höheren Glieder des Menschen. Als Adam starb, gab Seth diese drei Körner ihm in den Mund, und es erwuchs aus dem Grabe Adams heraus ein flammender Busch, der die Eigenschaft hatte, daß sich aus dem Holz, das von ihm abgeschnitten wurde, immer neue Triebe und Blätter entwickelten. Innerhalb des Flammenkreises des Busches aber steht geschrieben «Ehjeh asher ehjeh», das heißt: Ich bin, der da war, der da ist, der da sein wird. – Das bedeutet dasjenige, was durch alle Inkarnationen durchgeht: die Kraft des sich immer wieder erneuernden, werdenden Menschen, der herniedersteigt aus dem Lichte zur Finsternis und hinaufsteigt aus der Finsternis zum Lichte.

Jener Stab, mit dem Moses seine Wunder verrichtet hat, ist geschnitten aus dem Holz dieses Busches. Das Tor des Salomonischen Tempels ist aus ihm bereitet. Hinausgetragen wurde dieses Holz in den Teich Bethesda, und der Teich erhielt von ihm jene Kraft, von der uns erzählt wird. Und von demselben Holz ist geformt das Kreuz des Christus Jesus, das Holz des Kreuzes, das uns zeigt das absterbende, das im Tode vergehende Leben, das aber die Kraft in sich hat, neues Leben hervorzubringen. Das große Weltensymbolum steht da vor uns: das Leben, das den Tod überwindet. Das Holz dieses Kreuzes, das ist erwachsen aus den drei Samenkörnern des Paradiesesbaumes.

Auch im Rosenkreuz ist jenes Symbolum ausgedrückt, jenes Ersterben des Niederen, und daraus hervorsprießend die Auferstehung des Höheren, in den roten Rosen, was Goethe ausgedrückt hat in den Worten:

Und so lang du das nicht hast,
Dieses: Stirb und werde!
Bist du nur ein trüber Gast
Auf der dunklen Erde.

Ein wunderbarer Zusammenhang zwischen dem Baum des Paradieses und dem Kreuzesholz! Ist auch das Kreuz ein Symbolum für Ostern, empfangen wir doch auch für die Weihnachtsstimmung aus ihm eine Vertiefung. Wir empfinden in ihm, was in der Christus-Idee in dieser Geburtsnacht des Christus Jesus im neuen, quellenden Leben uns entgegenströmt. Angedeutet sehen wir diese Idee in den lebenden Rosen, die diesen Baum hier schmücken. Sie sagen uns: der Baum der Weihe-Nacht ist noch nicht zum Holze des Kreuzes geworden, aber die Kraft, zu diesem Holz zu werden, beginnt in ihm ihren Aufstieg zu nehmen. Die Rosen, die aus dem Grün erwachsen, sind ein Symbol des Sieges des Ewigen über das Zeitliche.

In dem pythagoreischen Quadrat finden wir das Symbol, das die Vierheit des Menschen deutet: den physischen Leib, den Ätherleib, den Astralleib und das Ich.

Für die höhere Dreiheit des Menschen steht das Dreieck als Symbol für das Geistselbst, den Lebensgeist und den Geistesmenschen.

Das, was darüber steht, ist das Symbol für Tarok. Diejenigen, die eingeweiht waren in die ägyptischen Mysterien, verstanden das Zeichen

zu lesen. Sie verstanden auch das Buch Thoth zu lesen, das aus achtundsiebzig Kartenblättern bestand, in welchen alle Weltgeschehnisse vom Anfang bis zum Ende, von Alpha bis Omega A Ω, verzeichnet waren

und die man lesen konnte, wenn man sie in der richtigen Reihenfolge verband und zusammensetzte. Es enthielt in Bildern das Leben, das zum Tode erstirbt und wieder aufsprießt zu neuem Leben. Wer die richtigen Zahlen und die richtigen Bilder miteinander vereinen konnte, der konnte in ihm lesen. Und diese Zahlenweisheit, diese Bilderweisheit, wurde seit Urzeiten gelehrt. Sie spielte noch im Mittelalter eine große Rolle, zum Beispiel bei *Raimundus Lullus,* doch heute ist nicht mehr viel davon vorhanden.

Darüber steht das Tao-Zeichen, jenes Zeichen, das uns erinnert an die Gottesbezeichnung unserer uralten Vorfahren. Bevor Europa, Asien, Afrika Kulturland war, lebten diese alten Vorfahren in der Atlantis, die in Fluten untergegangen ist. In den germanischen Sagen lebt noch die Erinnerung an diese Atlantis in den Sagen von Niflheim, dem Nebelheim. Denn Atlantis war nicht von reiner Luft umgeben. Große mächtige Nebelmassen umwogten das Land, ähnlich wie man sie heute sieht, wenn man im Hochgebirge durch Wolken und Nebelmassen zieht. Sonne und Mond standen nicht klar am Himmel; sie waren für die Atlantis umgeben von Regenbogenringen, von der heiligen Iris. Damals verstand der Mensch noch viel mehr die Sprache der Natur. Was heute im Plätschern der Wellen, im Rauschen des Windes, im Säuseln der Blätter, im Grollen des Donners zum Menschen spricht, aber nicht mehr von ihm verstanden wird, das war dem alten Atlantier damals verständlich. Er empfand aus allem heraus ein Göttliches, das zu ihm redete. Innerhalb all dieser sprechenden Wolken und Wasser und Blätter und Winde ertönte den Atlantiern ein Laut: Tao – Das bin ich. – In diesem Laut lebte das eigentliche Wesen, das durch die ganze Natur geht. Atlantis vernahm ihn. Dieses Tao drückte sich später aus in dem Buchstaben T. Auf ihm steht ein Kreis, das Zeichen der alles umfassenden göttlichen Vaternatur.

Endlich alles, was das Weltall durchsetzt und was da ist als der Mensch, ist bezeichnet in dem Symbol des Pentagramms, das uns von der Spitze des Baumes herunter grüßt. Der tiefste Sinn des Pentagramms darf jetzt nicht besprochen werden. Es zeigt uns den Stern der sich entwickelnden Menschheit. Es ist der Stern, das Symbol des Menschen, dem alle Weisen folgen, so wie ihm in Vorzeiten die Priesterweisen folgten. Es ist der Sinn der Erde, der große Sonnenheld, der geboren wird in der Weihe-Nacht, weil das höchste Licht aus der tiefsten Finsternis herausstrahlt.

Der Mensch lebt hinein in eine Zukunft, wo das Licht in ihm geboren werden soll, wo abgelöst werden soll ein bedeutungsvolles Wort durch ein anderes, wo es nicht mehr heißen wird: «daß die Finsternis das Licht nicht mehr begreifen kann», sondern wo die Wahrheit hinaustönen wird in den Weltenraum und wo die Finsternis das Licht, das uns entgegenstrahlt in dem Stern der Menschheit, begreifen wird, wo die Finsternisse weichen und das Licht begreifen, das heißt, von ihm ergriffen werden. Und das soll uns aus der Weihnachtsfeier entgegentönen aus unserem Inneren. Dann wird das Weihnachtsfest in seiner tiefen, uralten Bedeutung erst richtig gefeiert werden von uns, denn dann weist es uns darauf hin, daß aus dem Inneren des Menschen hervorleuchten wird das geistige Licht, hinausstrahlen wird in alle Welt. Und als ein Fest des höchsten Ideals der Menschheit werden wir das Christfest feiern können. Es wird dann wieder eine Bedeutung für uns haben, es wird wieder lebendig werden in unserer Seele, und auch der Weihnachtsbaum wird dann wieder als Symbol des Paradiesesbaumes eine richtigere Bedeutung haben, als sie ihm selbst in der sinnvollsten Weise heute gegeben wird. In unserer Seele wird aber die Feier der Weihe-Nacht entstehen lassen die freudevolle Zuversicht: Ja, auch ich werde in mir dasjenige erleben, was man nennen muß die Geburt des höheren Menschen, auch in mir wird stattfinden die Geburt des Heilandes, die Geburt des Christòs.

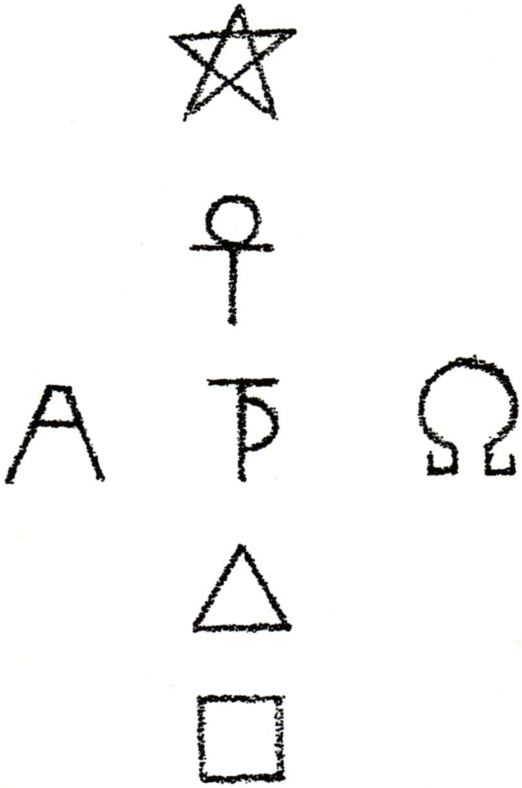

HINWEISE

Einer Anweisung von Rudolf Steiner entsprechend wurden an den in Betracht kommenden Stellen die Ausdrücke «Theosophie» und «theosophisch» durch «Anthroposophie», «anthroposophische Geisteswissenschaft» oder «anthroposophisch» ersetzt.

Zu Seite

9 *Der Weihnachtsbaum:* Vgl. dazu Rudolf Steiner in «Der Weihnachtsbaum – ein Symbolum», Vortrag vom 21. Dezember 1909, Seite 11, Dornach 1977. Ein frühes literarisches Zeugnis stammt aus dem Jahr 1539 aus Straßburg i. E. (bei Kluge, Etymologisches Wörterbuch, 11. Auflage, 1934). Vgl. auch Camille Schneider, Der Weihnachtsbaum und seine Heimat, das Elsaß, Dornach 1965.

10 *Fünfte Wurzelrasse:* Ein älterer Wortgebrauch Rudolf Steiners. Später bezeichnete er das Entsprechende mit: 3. Kulturepoche der 5. nachatlantischen Kulturperiode. Vgl. Rudolf Steiner «Aus der Akasha-Chronik», siehe Hinweis zu S. 12.

12 *im nächsten Heft der Zeitschrift Lucifer-Gnosis:* In Buchform erschienen unter dem Titel «Aus der Akasha-Chronik», Bibl.-Nr. 11, Gesamtausgabe Dornach 1973.

21 *Heliand:* Altsächsisches Epos, entstanden um 830.

26 *diese verschiedenen Herbstvorträge:* Vgl. Rudolf Steiner «Die Welträtsel und die Anthroposophie», öffentliche Vorträge Berlin 1905/06. Bibl.-Nr. 54, Gesamtausgabe Dornach 1966.

eine Art Goethe-Gebet: Aus dem Prosahymnus «Die Natur». Siehe Goethes Naturwissenschaftliche Schriften, 5 Bde., herausgegeben von Rudolf Steiner in Kürschners Deutsche National-Litteratur 1883–1897 (Neuausgabe als Ergänzung zur Rudolf Steiner Gesamtausgabe, Bibl.-Nr. 1a–e, Dornach 1975), Band II, S. 5 ff. Zur Autorschaft des Prosahymnus vgl. Rudolf Steiner: Zu dem «Fragment» über die Natur, von Goethe (1892) in «Methodische Grundlagen der Anthroposophie 1884–1901», Bibl.-Nr. 30, Gesamtausgabe Dornach 1961.

28 *«Erhabner Geist . . . »:* Goethe, «Faust» I, Wald und Höhle.

31 *Die lemurische Rasse:* Vgl. hierzu das Kapitel «Die Weltentwickelung und der Mensch» in Rudolf Steiner «Die Geheimwissenschaft im Umriß», Bibl.-Nr. 13, Gesamtausgabe Dornach 1977.

41 *im 4. Jahrhundert:* um 354 vom 6. Januar auf den 25. Dezember verlegt.

Gegenstand eines Vortrages im nächsten Jahr: Vortrag vom 1. Februar 1906 in Rudolf Steiner «Die Welträtsel und die Anthroposophie», Bibl.-Nr. 54, Gesamtausgabe Dornach 1966.

44 *Zum Vortrag vom 17. Dezember 1906:* Für die vorliegende Ausgabe konnte teilweise eine Nachschrift mitberücksichtigt werden, welche Frau Marie Steiner für die erste Ausgabe 1932 noch nicht zur Verfügung stand.
Dieser Vortrag wurde gesprochen neben einem im Lichte von 33 Wachskerzen erstrahlenden Weihnachtsbaum, den die auf Seite 59 abgebildeten Zeichen und frische Rosen schmückten.

44 *Des Lebens Pulse:* «Faust» II, I. Akt.

46 *Die Sonne schaue:* Wortlaut nach dem Eintrag Rudolf Steiners in ein Notizbuch vom Jahre 1906. Es gibt Varianten mit kleinen Abweichungen aus späteren Jahren, zum Beispiel 1921/22.

Der älteste Christbaum: Siehe Hinweis zu Seite 9.

50 *das ist die Iris:* In der griechischen Mythologie Botin der Götter. In einer anderen Nachschrift heißt es: ein Abbild der heiligen Isis.

In unserer heutigen Sprache würde das Wort lauten «Christos»: Im Griechischen heißt *ὁ Χριστός* , Christos, der Gesalbte, entsprechend der hebräischen Bezeichnung Messias. Die in der Gnosis und im Manichäismus angewendete Bezeichnung *Χρηστός*, Chrestos, bedeutet: der Gute; nach Marcion (2. Jahrhundert) der höchste gute Gott im Unterschied zu dem Demiurgos, dem nur gerechten Schöpfergott. Abweichend von zwei früheren Herausgaben wurde in der 3. Auflage 1968 die Form «Chrestos» eingesetzt, wie sie Rudolf Steiner in dem vorangehenden Vortrag vom 14. Dezember 1905 gebraucht hat. Doch ist der Zusammenhang ein anderer, und eine nochmalige Prüfung der Textunterlagen ergab, daß in keiner der vorliegenden Nachschriften das Wort «Chrestos» steht.

54 *Der Paradiesesbaum:* Vgl. Rudolf Steiner «Der Baum des Lebens und der Baum der Erkenntnis». Sechs Vorträge in Dornach, 24. Juli bis 8. August 1915, Dornach 1936. In Bibl.-Nr. 162 der Gesamtausgabe (in Vorbereitung).

55 *Und so lang du das nicht hast . . . :* In «Selige Sehnsucht» (31. Juli 1814), später gedruckt in «Westöstlicher Divan».

56 *Tarok:* In einem Notizbuch von Rudolf Steiner (222) ist das Zeichen eingetragen mit dem Zusatz «Tarok-Jahr». Links unten steht Ω (Omega), rechts unten A (Alpha) T griech. Tau, P griech. Rho.

57 *Raimundus Lullus,* 1234–1315, von Palma de Mallorca. Vgl. den Vortrag vom 5. Januar 1924 in «Die Weltgeschichte in anthroposophischer Beleuchtung», Bibl.-Nr. 233, Gesamtausgabe Dornach 1962.

RUDOLF STEINER GESAMTAUSGABE

A. SCHRIFTEN

I. *Werke*

Goethes Naturwissenschaftliche Schriften, eingeleitet und kommentiert von R. Steiner, 5 Bände (1883/97, Neuausgabe 1975); separate Ausgabe der Einleitungen (1925)

Grundlinien einer Erkenntnistheorie der Goetheschen Weltanschauung (1886)

Wahrheit und Wissenschaft (1892)

Die Philosophie der Freiheit (1894)

Friedrich Nietzsche, ein Kämpfer gegen seine Zeit (1895)

Goethes Weltanschauung (1897)

Die Mystik im Aufgange des neuzeitlichen Geisteslebens und ihr Verhältnis zur modernen Weltanschauung (1901)

Das Christentum als mystische Tatsache und die Mysterien des Altertums (1902)

Theosophie. Einführung in übersinnliche Welterkenntnis und Menschenbestimmung (1904)

Wie erlangt man Erkenntnisse der höheren Welten? (1904/05)

Aus der Akasha-Chronik (1904/08)

Die Stufen der höheren Erkenntnis (1905/08)

Die Geheimwissenschaft im Umriß (1910)

Vier Mysteriendramen (1910/13)

Die geistige Führung des Menschen und der Menschheit (1911)

Anthroposophischer Seelenkalender (1912)

Ein Weg zur Selbsterkenntnis des Menschen (1912)

Die Schwelle der geistigen Welt (1913)

Die Rätsel der Philosophie in ihrer Geschichte als Umriß dargestellt (1914)

Vom Menschenrätsel (1916)

Von Seelenrätseln (1917)

Goethes Geistesart in ihrer Offenbarung durch seinen Faust und durch das Märchen «Von der Schlange und der Lilie» (1918)

Die Kernpunkte der sozialen Frage in den Lebensnotwendigkeiten der Gegenwart und Zukunft (1919)

Aufsätze über die Dreigliederung des sozialen Organismus und zur Zeitlage 1915–1921

Kosmologie, Religion und Philosophie (1922)

Anthroposophische Leitsätze (1924/25)

Grundlegendes für eine Erweiterung der Heilkunst nach geisteswissenschaftlichen Erkenntnissen (1925). Von Dr. Rudolf Steiner und Dr. Ita Wegman

Mein Lebensgang (1923/25)

II. *Gesammelte Aufsätze*

Aufsätze aus den Jahren 1882–1902
Aufsätze aus den Jahren 1903–1908
Aufsätze aus den Jahren 1911–1925

III. *Veröffentlichungen aus dem Nachlaß*

Wahrspruchworte, Fragmente, Entwürfe, Briefe und Aufzeichnungen

B. VORTRÄGE

I. *Öffentliche Vorträge*

II. *Vorträge vor Mitgliedern der Anthroposophischen Gesellschaft*

Vortragszyklen und Vorträge allgemein-anthroposophischen Inhalts
Vorträge zur Geschichte der anthroposophischen Bewegung
und der Anthroposophischen Gesellschaft

III. *Vorträge und Kurse zu einzelnen Lebensgebieten*

Vorträge über Kunst: Eurythmie, Sprachgestaltung, Musik,
bildende Künste und Kunstgeschichte
Vorträge über Erziehung
Vorträge über Medizin
Vorträge über Naturwissenschaft
Vorträge über das soziale Leben und über die Dreigliederung
des sozialen Organismus
Vorträge für die Arbeiter am Goetheanumbau

Das Vortragswerk umfaßt annähernd 6000 Vorträge,
von denen zum größten Teil Nachschriften vorliegen.

C. REPRODUKTIONEN UND VERÖFFENTLICHUNGEN AUS DEM KÜNSTLERISCHEN NACHLASS

Die Bände sind nicht numeriert, jedoch in den einzelnen
Gruppen einheitlich ausgestattet. Sie sind einzeln erhältlich.

Rudolf Steiner. Das literarische und künstlerische Werk
Eine bibliographische Übersicht 1961/1966